«¿Por qué resulta tan fácil para mí caer en el engaño de Satanás? Ladino. Solapado. Astuto. Taimado. Estos son solo algunos de los atributos descriptivos del Engañador que encontramos en el último libro de Jared C. Wilson. A lo largo de *El evangelio según Satanás*, Jared enumera las maneras principales en que el diablo usa sus artimañas astutas y calculadas para sacarnos del estrecho camino de la gracia de Dios. Todos haremos bien al leer este libro y confrontar las mentiras que nos están vendiendo».

—KYLE IDLEMAN, PASTOR PRINCIPAL DE SOUTHEAST CHRISTIAN
CHURCH Y AUTOR DE *NO SOY FAN* Y *DON'T GIVE UP*

«Satanás vende mentiras ponzoñosas que se disfrazan de verdades liberadoras. Me atrevo a decir que algunas de sus mentiras suenan tan bien que incluso podrías de todas formas querer creerlas. Jared Wilson no desperdicia palabras en este libro que hace brillar la luz de la Palabra de Dios en los rincones más oscuros del corazón humano. Te estremecerás con culpabilidad, te regocijarás por la verdad, y serás equipado para mantenerte firme cuando Satanás susurre: "¿Conque Dios os ha dicho...?"».

—COSTI W. HINN, PASTOR Y AUTOR DE *DIOS,
LA AVARICIA Y EL EVANGELIO (DE LA PROSPERIDAD)*

Jared Wilson es uno de los escritores del mundo cristiano de hoy que más hace pensar, y *El evangelio según Satanás* es la mejor prueba. Jared no solo describe las falsedades tentadoras de nuestra época, sino que expone cómo ellas se han deslizado hasta nuestros corazones. Mientras lees este libro oportuno, sí, te enfrentarás a mentiras que ni siquiera sabías que creías. Sin embargo, también encontrarás el regalo de la verdad que te hace libre».

—MATT SMETHURST, EDITOR EN JEFE DE THE GOSPEL
COALITION Y AUTOR DE *BEFORE YOU OPEN YOUR BIBLE:
NINE HEART POSTURES FOR APPROACHING GOD'S WORD*

«Vemos la bondad del evangelio con una luz fresca y vívida cuando la percibimos contra el telón de fondo de los mensajes alternativos que tan a menudo llegamos a creer. Jared Wilson presenta un vistazo único, convincente e incluso ingenioso a los grandes éxitos actuales del diablo: mentiras que necesitamos desenmascarar urgentemente si queremos vivir en la plenitud de la verdad de Dios en Cristo».

—SAM ALLBERRY, ORADOR DE RAVI ZACHARIAS
INTERNATIONAL MINISTRIES Y AUTOR DE *7 MITOS SOBRE LA
SOLTERÍA* Y *WHY DOES GOD CARE WHO I SLEEP WITH?*

«En su forma característica, Wilson escribe con una prosa accesible, una perspectiva pastoral y una honestidad refrescante mientras confronta las mentiras que Satanás nos dice (y que todos somos muy propensos a creer). Cada capítulo no solo expone la esclavitud que resulta de aceptar los planes del enemigo, sino que de manera más importante revela las respuestas del evangelio que traen la verdadera liberación. El libro es tan relevante para las luchas que todos enfrentamos que se lo recomiendo de todo corazón a tantos como sea posible».

—ERICK SORENSEN, PASTOR DE EPIPHANY CHURCH EN
LA CIUDAD DE NUEVA YORK, AUTOR, Y COANFITRIÓN DEL
PÓDCAST *30 MINUTES IN THE NEW TESTAMENT*

«Hace más de medio siglo J. I. Packer dijo que "una verdad a medias disfrazada de verdad total se convierte en una completa mentira". No hay necesidad más apremiante en nuestros días que la de entender bien el evangelio. A Satanás le encantaría que abrazáramos una imitación del evangelio que en última instancia nos mantiene lejos del reino de Dios. El libro de Jared es un antídoto necesario para el veneno de la imitación del evangelio que está difundiéndose en nuestros días».

—BOB LEPINE, COANFITRIÓN DE *FAMILYLIFE TODAY* Y PASTOR
DE ENSEÑANZA EN REDEEMER COMMUNITY CHURCH

«Una de las alegrías y maldiciones de nuestros días y nuestra época es la frecuencia y la diversidad de mensajes que se cruzan en nuestros caminos. Ya sea que se trate de una publicidad en nuestra bandeja de entrada, un anuncio en la radio, o una publicación o meme en las redes sociales, parece que nos bombardean con voces por todas partes. Tales mensajes nos informan de todo, desde cómo votar, adónde viajar y qué comprar. Mientras que la mayoría de nosotros regularmente descartamos esto como un ruido de fondo, a veces surge la sutil tentación de aceptar algunas ideas dentro de la cultura popular sin pensarlo mucho. Un error común que muchos cometemos es entregarnos a cosas que parecen y suenan bien, pero que luego de cierta reflexión no lo son. En *El evangelio según Satanás*, el autor Jared Wilson examina de manera útil varias afirmaciones populares de la cultura dominante que aparentan ser inofensivas e incluso inspiradoras, pero que cuando se examinan de cerca están por debajo de la verdad. Con sabiduría, calidez pastoral e integridad bíblica, Wilson reflexiona sobre algunas de las máximas culturales comunes de nuestros días y revela no solo sus defectos, sino más importante aún, cómo la gracia de Dios demostrada en el evangelio de Jesús provee la solución real a los más profundos anhelos de la humanidad. Encontré que este libro proporciona una voz de verdad en un mundo de clichés confusos. Gracias, Jared».

—RVDO. DR. MALCOLM GILL, CONFERENCIANTE EN SYDNEY
MISSIONARY AND BIBLE COLLEGE, SÍDNEY, AUSTRALIA

«Si el mayor engaño del diablo fue convencer al mundo de que él no existía, su segundo más grande fue convencer al mundo de creer mentiras que parecen *casi* lo suficientemente ciertas para ser verdad. Este libro expone esas verdades a medias y no totalmente reales por lo que son y nos muestra por qué el evangelio es mejor que las mentiras que el diablo está vendiendo».

—AARON ARMSTRONG, DIRECTOR DE MARCA DE THE GOSPEL
PROJECT Y AUTOR DE *EPIC: THE STORY THAT CHANGED THE WORLD*

«Si Satanás tuviera su propia Biblia Impía de la cual él fuera el centro y por la cual vivieran sus seguidores incrédulos, sin duda contendría un libro como el de Proverbios. Este sería un libro lleno por completo de falsedades impías y condenatorias como: "Dios ayuda a los que se ayudan a sí mismos", "Solo se vive una vez", "Vive tu verdad", "Suelta y deja que Dios haga", entre otras. Todas ellas serían letales, ya que fingen el verdadero evangelio, pero están vacías en el interior. En *El evangelio según Satanás*, Wilson expone a la sabiduría ficticia y los muchos falsos evangelios de Satanás, y los desmantela con las doctrinas más preciosas y poderosas de las Escrituras».

—SAM BIERIG, DECANO DE SPURGEON COLLEGE

EL EVANGELIO SEGÚN SATANÁS

OCHO MENTIRAS ACERCA DE DIOS QUE SUENAN COMO LA VERDAD

JARED C. WILSON

GRUPO NELSON
Desde 1798

NASHVILLE   MÉXICO DF.   RÍO DE JANEIRO

Este libro está dedicado a la memoria
de Richard Shawn Scott II.

CONTENIDO

LA ANATOMÍA DE UNA MENTIRA

¿Conque Dios os ha dicho...?
—LA SERPIENTE

ANTES DE LA MUERTE, FUE LA MENTIRA.

Esta comienza como una pregunta, como una esquirla inquisidora que se desliza suavemente bajo la piel de la mente. Sin embargo, en realidad no se trata de una pregunta. Es una proposición enmascarada. La pregunta consiste en una idea nueva y extraña, en un listado de contrabando de «hechos alternativos» que ofrece la promesa de una curiosidad satisfecha, de misterios resueltos e incluso de una ilustración alcanzada.

La pregunta es así: «¿Conque Dios os ha dicho...?».

Esta no es una pregunta que nos desconcierte. Tampoco sacude de inmediato nuestras sensibilidades religiosas ni nuestro conocimiento teológico. La misma nos hace arquear la ceja, fruncir el ceño, torcer la boca.

«¿Eso dijo?».

Tal vez no lo sabemos. Tal vez creemos que lo sabemos.

No obstante, la pregunta ya ha comenzado a hacer su trabajo. La esquirla ya plantó la bacteria de la duda. Ha aparecido la infección.

Antes de la muerte, fue la mentira.

Pero antes de la mentira, fue el Mentiroso.

Suponemos que él viene del cielo, donde las mentiras que se dijo a sí mismo requirieron su expulsión. Después de haber disfrutado una vez de la dicha espléndida de habitar en medio de la gloria y la santidad del Dios trino, se enojó y sintió envidia. No sabemos cómo comenzó. Quizás sus canciones fueron muy falsas, muy para sus adentros. Quizás conspiró para obtener lo que no era suyo.

Cualquiera haya sido el caso, el Mentiroso empezó como uno de los seres celestiales de Dios. Era un ángel; de hecho, lo sigue siendo, pero entonces era uno bueno. Esto fue antes de que hiciera preguntas que en realidad no eran preguntas y antes de que esa luz que llevaba consigo fuera arrojada de la montaña celestial y se estrellara abajo contra el polvo. Fue lanzado veloz como un rayo; así de terrible fue la traición contra su Creador.

¿Cuánto tiempo pasó agitándose en la inmundicia de su propia imbecilidad y traición? No lo sabemos. ¿Existía el tiempo en ese entonces?

No obstante, más tarde sí existió. Dios lo creó. Él creó todas las cosas. E hizo todas las cosas buenas.

Y en ese momento, Satanás pensó que tenía su oportunidad otra vez.

Él no entró caminando tranquilamente al jardín. Se puso sobre su estómago y se arrastró, para fingir humildad tal vez. En el amanecer de la preciosa creación, las serpientes no tenían la imagen que tenemos de ellas hoy. No, todo eso comenzó con *él*, con este hecho. Antes de la muerte, fue la mentira.

Génesis 3.1 dice que la serpiente era «astuta». Ella sabía que no podía bombardear a su presa con una herejía directa. No podía atosigarla ni engatusarla. No podía aparecerse mostrando su verdadero yo, sin importar si su aspecto fuera el del Antidios, el Anticristo y el Antiespíritu, un vacío de maldad, succionador de almas, que apestaba a infierno y putrefacción.

La serpiente preguntó: «¿Conque Dios os ha dicho: No comáis de todo árbol del huerto?» (Génesis 3.1).

En el jardín, la serpiente plantó la primera semilla de duda del mundo.

> Y la mujer respondió a la serpiente: Del fruto de los árboles del huerto podemos comer; pero del fruto del árbol que está en medio del huerto dijo Dios: No comeréis de él, ni le tocaréis, para que no muráis. (Génesis 3.2-3)

¿Eva sabía siquiera lo que significaba «morir»? Debe haberlo sabido; de lo contrario, el Señor no se lo habría prometido como consecuencia. Tanto el hombre como la mujer, que disfrutaban de la calidez del tibio sol sobre su desnudez sin vergüenza, del suave césped bajo los pies, del deleite de trabajar sin prisa ni molestias, de la dulzura de la intimidad marital sin trabas, y —lo mejor de todo— de la comunión personal con su hermoso Creador, habrían sido al menos capaces de entender que sin importar lo que significara «morir», sería lo inverso, la anulación, la eliminación de todo eso.

El mundo estaba lleno de posibilidades. Y había surgido una más: ¿y si Dios, en efecto, estaba *equivocado*?

¿Era eso posible? ¿Y si Dios no sabía lo que afirmaba saber? ¿Y si, a pesar de toda la evidencia disponible y en oposición a todo lo que Eva había conocido de su carácter, era *Dios* quien estaba mintiendo y no este personaje que le siseaba seductoramente en el oído?

> Entonces la serpiente dijo a la mujer: No moriréis; sino que sabe Dios que el día que comáis de él, serán abiertos vuestros ojos, y seréis como Dios, sabiendo el bien y el mal. Y vio la mujer que el árbol era bueno para comer, y que era agradable a los ojos, y árbol codiciable para alcanzar la sabiduría. (Génesis 3.4-6a)

Era así de simple y así de complejo. La expectativa de la mentira era un ataque frontal a todos los sentidos de Eva, a cada punto de contacto maravilloso. A Adán y Eva no les faltaba alimento, pero aun así el fruto les pareció «bueno para comer» y les prometía satisfacerlos de una forma todavía desconocida. El mundo era nuevo y grande, pero aun así el fruto era «agradable a los ojos» y los deslumbraba de una forma nueva y seductora. Adán y Eva tenían mentes que no habían caído todavía y poseían una capacidad de aprendizaje increíblemente vasta, pero aun así el fruto era «codiciable para alcanzar la sabiduría», como si en la imaginación de ambos este poseyera la llave de una puerta cerrada, de una puerta que conducía a una habitación que ni siquiera sabían que existía hasta que la serpiente dirigió su luz hacia ella.

Me pregunto a qué sabía el fruto. ¿Era jugoso y delicioso? ¿O tal vez resultaba más amargo de lo que esperaban, un poco duro, como al morder un melocotón que no está maduro? Tal vez, a la primera mordida, tuvieron la primera duda con respecto a su decisión: «¿Y si esto no hace lo que la serpiente dijo que haría?». No obstante, siguieron comiendo, por si acaso. Ellos eran iguales a nosotros. Mejor dicho, nosotros somos iguales a ellos.

Ahí se halla el epicentro del desastre en el que tú y yo nos encontramos en el día de hoy. Ciertamente, con nuestra desobediencia creamos nuestros propios cráteres de disfuncionalidad y enfermedades, pero este es el punto por el cual entró al mundo el contagio que opera dentro de nosotros. El Jardín del Edén, en el preciso instante en que los dientes perfectos de Adán rompieron la cáscara del fruto prohibido, se convierte en la Zona Cero. «Entonces fueron abiertos los ojos de ambos, y conocieron que estaban desnudos; entonces cosieron hojas de higuera, y se hicieron delantales» (Génesis 3.7).

Las repercusiones son rápidas y vastas. Dios los llama a rendir cuentas. Podemos escuchar sus pasos por el jardín. Tal vez son los pasos del Cristo preencarnado, no creado, que buscaba a sus hermanos creados para ajustar cuentas. El resto de Génesis 3 nos relata que Adán y Eva son llevados al descubierto para rendir cuentas de su pecado. Se pronuncia la sentencia, la cual incluye el exilio. Ellos son expulsados del jardín.

Desde entonces, hemos estado tratando de volver a él.

Sin embargo, tú y yo no somos tan listos como creemos. Seguimos pensando que la forma de volver —de regresar a la paz, la plenitud y la sabiduría— es la misma forma que llevó a Adán y Eva a ser expulsados en un comienzo. No podemos entrar igual que salimos. No obstante, tratamos de hacerlo así. Y la serpiente está incluso más que feliz de ayudar con su entrenamiento. Es más astuta de lo que pensamos.

Verás, la expectativa del fruto prometía tres cosas que desde entonces hemos estado persiguiendo en cada árbol: plenitud, belleza e ilustración. Como escribió Frederick Leahy: «Las presuposiciones del pensamiento moderno fueron introducidas en el Edén por Satanás…».[1]

Vivimos en el exilio, pero jugamos al «jardín» todos los días. Bebemos la arena del espejismo y la llamamos agua viva. Somos indulgentes con nuestra carne y le llamamos a esto gloria. Nos adoramos a nosotros mismos y lo llamamos vivir en un «nivel superior».

Nuestra esperanza es la que siempre ha sido: conocer a Dios y vivir en comunión con él. Sin embargo, fingimos que el divorcio no existe, que la desconexión es nimia. O peor: les llamamos a las mentiras del diablo la honesta verdad de Dios.

De eso se trata este libro. La mayoría de las personas puede detectar una mentira cuando esta se aproxima. No obstante, ¿qué hizo tan vulnerables a Adán y Eva ante la serpiente? ¿Qué dijo, y cómo lo dijo, que la hizo tan cautivadora y tan convincente? Satanás los tentaba a desobedecer a su Creador, sí, pero no se apareció y dijo: «Desobedezcan a su Creador».

No, como hemos visto, la serpiente prometía plenitud, belleza e ilustración. De manera similar, las mentiras que creemos hoy que erosionan nuestra dependencia de Dios y desacreditan nuestra creencia en las buenas nuevas de su Hijo Jesús no son descaradas. Son sutiles. Prometen cosas. Parecen plausibles. En Colosenses 2.4, el apóstol Pablo les advierte a los cristianos: «Y esto lo digo para que nadie os engañe con palabras persuasivas».

Pablo sabía que los argumentos poco razonables no tienen mucha influencia. Son los argumentos que «suenan razonables», que parecen verdaderos, que pueden en realidad contener un poco de verdad entremezclada, los que muy a menudo nos mantienen angustiados. No buscamos rechazar a Jesús ni reclamarle a Dios con el puño cerrado; solo buscamos un poco más, algo un poco mejor, algo un poco más grande.

Nuestro enemigo tiene siglos de experiencia en lo que respecta a darle publicidad a su marca. Él no se mostrará como verdaderamente es. En 2 Corintios 11, Pablo explica la herejía putrefacta que amenazaba la integridad de la iglesia, la infiltración de los falsos maestros que sonaban convincentes, encantadores y verdaderos, y escribe lo siguiente:

> Porque éstos son falsos apóstoles, obreros fraudulentos, que se disfrazan como apóstoles de Cristo. Y no es maravilla, porque el mismo Satanás se disfraza como ángel de luz. Así que, no es extraño si también sus ministros se disfrazan como ministros de justicia. (vv. 13-15a)

La correlación entre el engaño satánico y la respetabilidad religiosa resulta de vital importancia y es una de las razones por las que escribo este libro. El diablo es adepto a hacer que el pecado parezca bueno. Él sabe que, si ves la realidad del pecado —y la realidad de él mismo— tu inclinación a seguirlo será menor. Mike McKinley describió las maquinaciones del enemigo de la siguiente manera:

> Piensa un segundo cómo sería si Satanás dijera la verdad cuando tentara a la gente. ¿Puedes imaginarte cómo sería? Imagina a Satanás tratando de tentarnos con franqueza; esto podría ser algo así:
>
> SATANÁS: Deberías serle infiel a tu esposa con esa atractiva mujer de la oficina.
> PERSONA: No lo creo. Eso está mal y la lastimaría.
> SATANÁS: Tienes razón. Es un buen punto. Pero mira, te preparé un análisis de costo-beneficio. Esto fue lo que resultó.
>
> Beneficios:
> 1. Unos momentos de placer físico (aunque un poco incómodo tal vez).

Costos:

1. Desobedecer a Dios.
2. Minar tu comunión con Dios.
3. Arruinar, o posiblemente terminar, tu matrimonio.
4. Humillar a tu esposa.
5. Devastar la vida de tus hijos.
6. Humillación y exposición pública.
7. Te puede costar el trabajo.
8. Puedes arruinar la vida de tu colega.
9. ¿Enfermedades?
10. ¿Embarazo no deseado?
11. Traerle deshonra y desgracia a tu iglesia.
12. Arruinar el testimonio que das a otros.

Persona: ¡Vaya! Mmmm… No, gracias.[2]

Por supuesto, la primera treta que el diablo intenta jugarnos es hacernos creer que él no existe. No obstante, si no lo logra, siempre querrá hacernos creer que podemos verlo venir a un kilómetro de distancia. La ilustración humorística de McKinley muestra lo absurdo de esa noción. Pero no, el mejor truco del diablo es hacerte creer que sus ideas no son solo tuyas, sino que incluso son *de Dios*.

Así él crea su propio «evangelio», una perversión del verdadero. Este parece ser buenas nuevas, porque aparentemente responde preguntas que siempre hemos tenido, satisface deseos que siempre hemos sentido, resuelve misterios en los que siempre hemos reflexionado. Si él puede darle credibilidad a sus mentiras, muchísimo mejor.

Si pudiéramos hacer una lista de los beneficios como la que imagina Mike McKinley, pero esta vez usando la lógica real del diablo, quedaría un poco más así:

1. Vivir la emoción de un nuevo romance.
2. Conseguir la satisfacción que mi esposa no está dispuesta a concederme o que ya no está interesada en darme.
3. Encontrar a alguien que me escuche y que de verdad me entienda.
4. Liberarme del estrés y el aburrimiento.
5. Sentirme atractivo y deseado.
6. Sentirme amado.

Esas son las líneas que seguimos cuando consideramos tener un romance. Cedemos un poquito a la vez, hacemos una concesión tras otra, no con el interés explícito de desobedecer a Dios ni deshonrar nuestros votos matrimoniales, sino con el interés de experimentar plenitud, belleza e ilustración. Para nosotros, el pecado tiene una lógica emocional que desafía el razonamiento bíblico, y el diablo está más que feliz de ayudarnos con eso también. Después de todo, Dios perdona cualquier cosa, ¿no es cierto?

Por eso es que Satanás se acerca a nosotros como un ángel de luz, prometiendo iluminación e ilustración. Pero al final, él solo nos conduce a la oscuridad y la desesperación.

Por lo tanto, es importante tener los ojos abiertos a este engaño. ¿Cómo es que tantas promesas modernas suenan verdaderas, pero al final nos llevan al engaño e incluso a la destrucción? Hace mucho, mucho tiempo, el puritano inglés Thomas Brooks escribió:

Ahora bien, la mejor manera de librar a las pobres almas de ser engañadas y destruidas por estos mensajeros de Satanás es descubrir su verdadera naturaleza, para que, siendo conocidos, las pobres almas puedan evitarlos y alejarse de ellos como si se tratara del mismo infierno.[3]

En otras palabras, lo mejor que se puede hacer es exponer las mentiras, examinar cómo operan, explorar por qué resultan tan convincentes y explicar cómo vencerlas con la verdad. Debemos descubrir «su verdadera naturaleza». En las páginas que siguen, revisaremos las siguientes afirmaciones, cada una de las cuales presenta cierta popularidad actualmente —algunas incluso dentro de nuestras iglesias— y veremos por qué no significan gran cosa.

En el primer capítulo, examinaremos la idea de que «Dios solo quiere que seas feliz». ¿Es esto verdad? ¿Eso es todo lo que Dios quiere? ¿Y si Dios no está tan interesado en nuestra felicidad como lo está en otras cosas? ¿Y si eso de verdad son buenas noticias?

«Solo se vive una vez». No se trata de un *hashtag* pasado de moda ni de un tatuaje del cual te arrepientes inmediatamente; el espíritu de esta aseveración es tan viejo como las montañas. Podrás pensar que la expresión «Solo se vive una vez» es débil, pero te ves tentado a seguirla todos los días, de modo que en el segundo capítulo enfocaremos la atención en la promesa (y deficiencia) radical de vivir según el mantra *carpe diem*.

En el tercer capítulo, le daremos un vistazo a la sutil modificación que Oprah Winfrey ha hecho de la fe cristiana. La observamos en cada una de las disculpas de una persona que la exoneran y en cada declaración tímida con la que se empodera a sí misma, y también la vemos ahora entre cristianos profesos. ¿Qué tiene de mala la idea de que «debemos vivir nuestra verdad»?

Esto es similar a la mentira universal que se aborda en el cuarto capítulo: «Lo que sientes es la realidad». Esta es la mentira que tememos que sea cierta. Esta es la mentira en la que muchos de nosotros no queremos creer. Sin embargo, aun así, la creemos. Es un engaño particularmente pernicioso del arsenal satánico y lo abordaremos con fuerza. Este capítulo podría perfectamente salvarte la vida.

El quinto capítulo examina de cierta manera la esencia de la sinuosa pregunta original. Cuando Satanás le preguntó a Eva: «¿Conque Dios os ha dicho...?», estaba dando a entender que Dios nos está reteniendo algo. Ese es nuestro temor. Y así nuestra creencia esencial cada vez que elegimos el pecado por sobre la obediencia es la mentira de que «tu vida es lo que haces de ella».

En el sexto capítulo, revisaremos la frase que ha plagado a la iglesia durante la era moderna, una que todavía la podemos encontrar en memes y comentarios de las redes sociales, repartida generosamente como sopa de pollo para el alma superficial. «Tienes que "soltarlo y dejárselo a Dios"». Hay una esencia de verdad dentro de esta mentira, la cual causa que sea tan fácil de difundir y tan engañosamente destructiva. Esta mentira atrae de una manera en que las otras no lo hacen, porque juega con nuestras sensibilidades religiosas.

Mientras el sexto capítulo examina una mentira que juega con nuestras sensibilidades religiosas, el séptimo examina una que juega con nuestras sensibilidades teológicas a través de las emociones. Es probable que esta mentira no haya llegado a tu iglesia todavía, pero se está convirtiendo en una moda dentro del mundo evangélico moderno, por lo que resulta importante que la confrontemos directa y anticipadamente: «La cruz no tiene nada que ver con la ira de Dios». Los argumentos parecen sólidos, pero el resultado es un intento de rescatar a Dios de la Biblia. Por supuesto, la cruz tiene que ver con más cosas que con la ira de Dios, pero no con menos que eso. Y esto es importante, especialmente si quieres tener una relación con Jesús que *evita* la ira de Dios.

La última mentira deja al descubierto a la madre de todos los clichés religiosos: «Dios ayuda a los que se ayudan a sí mismos». Es de esta forma que se dice normalmente, aunque el mensaje que subyace al cliché queda mejor expresado así: «Dios salva a los que se ayudan a sí mismos». Esta no es la manera en que el diablo lo plantea, pero así es como lo terminamos creyendo, y eso lo hace feliz. Cerramos con la confrontación de esta mentira, porque con esto completamos el círculo, volviendo al jardín original y luego, mucho después, a otro jardín, donde la mentira fue expuesta y finalmente eliminada.

Cuando hayamos terminado de explorar los pormenores de todas estas tentaciones y engaños, le daremos una mirada mucho más reveladora a cómo salir por completo de ese exilio que hace a estas mentiras tan condenadamente creíbles. ¿Cómo identificarlas cuando se aproximan? ¿Cómo luchar contra el enemigo que las presenta? ¿Cómo matar a las mentiras para siempre? En nuestro capítulo final, llevaremos a cabo la autopsia de la mentira, la cual resultará útil en nuestra lucha para aceptar la verdad.

Sin embargo, por ahora, basta con recordar la anatomía de la mentira: plenitud, belleza e ilustración. ¿Quién no querría esas cosas?

La respuesta es nadie. Razón por la cual a menudo encontramos tan dulce el susurro de Satanás.

Bueno, déjame contarte la amarga verdad. Y la mejor.

DIOS SOLO QUIERE QUE SEAS FELIZ

La fórmula es un ansia siempre creciente de un placer siempre decreciente.

—C. S. LEWIS, *CARTAS DEL DIABLO A SU SOBRINO*.

—ES QUE NO ENTIENDO POR QUÉ DIOS ME HIZO ASÍ solo para decirme que no puedo ser feliz.

Gretchen* se sentó con rigidez en la silla que estaba frente a mí, sosteniendo su café helado con las manos. No se veía nerviosa ni confundida. Más bien al contrario, se veía *decidida*. Claramente, se trataba de algo que venía pensando por un largo tiempo, y en cierto

---

* Gretchen es una composición de varias personas, tanto hombres como mujeres, con las que he tenido este tipo de conversación durante los últimos diez años de mi ministerio. La conversación que reconstruyo aquí es una paráfrasis representativa de los diálogos que he intercambiado con cada una de esas personas.

1

modo no se había reunido conmigo para recibir consejo ni tampoco aprobación, sino para hacer un anuncio.

He sido informado de numerosos anuncios como este, la mayoría mucho menos decididos que el de Gretchen, normalmente más inquisitivos, más examinadores, más desesperados por conseguir una respuesta. Y siempre me pregunto: ¿por qué yo?

Supongo que recurren a mí porque en la mente de algunos, debido a mi vocación, soy un representante de Dios. De una forma extraña, a veces creo que piden estas reuniones conmigo porque, como ministro, sirvo muchísimo a modo de suplente del Dios que, en la mente de mis inquisidores, no va a contestarles de vuelta exactamente. Han orado, agonizado y luchado por dentro, y siguen sin obtener ninguna respuesta o, al menos, la respuesta que quieren. Hablar conmigo se convierte en una forma de darle cuerpo a lo que parece muy poco concluyente en su imaginación.

Gretchen afirmó sentirse atraída por las mujeres desde que tenía memoria. No era algo que ella buscara. Dijo que no había sido abusada sexualmente, que no había sido expuesta a la pornografía. Había tenido unos padres amorosos que según todo indicaba habían hecho lo mejor que pudieron. No sentía necesariamente interés sexual por las mujeres, según afirmó, pero definitivamente no se sentía atraída a los hombres. Su historia parece cada vez más común en estos días. Ella continuó:

—Cuando todas las chicas comenzaron a interesarse por los chicos, me encontré deseando ser más "uno de los chicos". Y cuando todas las chicas querían salir con los chicos, yo seguía el juego nada más, pero nunca sentí nada. Solo con las chicas llegué a sentir una chispa o quise ser abrazada o tener largas conversaciones. Siento que podría ser realmente feliz con una mujer para siempre. No es algo que elijo. Nací así.

Dejé esa declaración a un lado. Por lo que puedo decir, no es una cosa ni la otra. Algunos de nosotros nacemos con ciertas atracciones y otros hemos cultivado esas atracciones debido a las circunstancias y el entorno. No soy un experto para saber cuál caso aplica a quién. Y desde mi perspectiva, eso no viene al caso.

—¿Por qué me cuentas esto? —le pregunté.

Les hago esta pregunta a todos los que me cuentan lo que Gretchen me estaba contando, aunque no siempre de la misma manera. Nunca responden: «Porque representas a Dios», aunque como acabo de decir, creo que esa respuesta juega un enorme papel en el asunto. Siempre dicen algo así: «Porque te ves como alguien que podría entender lo que me pasa».

No sé por qué transmito esa impresión a los demás, y hasta cierto grado me da un poco de miedo. Cuando asumí el pastorado por primera vez en mi iglesia anterior, una mujer de la ciudad repentinamente volvió a asistir a la iglesia. Se notaba que era liberal (y no lo digo como un epíteto). Finalmente, cuando alguien le preguntó por qué había vuelto a la iglesia, respondió que fue porque supuso que el nuevo pastor «era liberal y apoyaba a las personas», con lo cual quiso decir «liberal para aceptar que los homosexuales practicantes participaran en la vida de la iglesia y que apoyaba su orientación y su estilo de vida».

Ella estaba equivocada, por supuesto, y no le tomó mucho tiempo darse cuenta por mis prédicas de que yo era tan «cerrado de mente» como los fundamentalistas que me habían contratado —es decir, que todos apoyábamos el punto de vista bíblico sobre la prohibición de la homosexualidad— pero sentí curiosidad en cuanto a por qué había hecho esa suposición sobre mí. ¿Había dicho algo que podría haberse malinterpretado?

Cuando me encontré cara a cara con aquella mujer, me contó que lo había supuesto, primero, porque yo era joven y supuso que los cristianos jóvenes eran más progresistas que los cristianos viejos (lo cual, por lo general, es verdad). Sin embargo, también supuso eso de mí porque hablaba mucho de la gracia y en el púlpito tenía un semblante consolador. También hablaba mucho sobre el pecado —no se puede hablar bíblicamente sobre la gracia sin incluir el pecado— pero antes de hablar del pecado de la homosexualidad había hablado sobre un montón de otros pecados, la mayoría presente entre personas religiosas, y mientras tanto nacieron esas suposiciones.

Gretchen conocía mi posición frente a la homosexualidad. Me había visto enseñar sobre el tema antes. Me había escuchado decir todas las cosas que los predicadores formados en la Biblia deben decir: que la homosexualidad es un pecado que ofende al Dios Santo, pero que Dios perdona y salva a aquellos homosexuales que se arrepienten tal como lo hace con los heterosexuales y que no hay pecado que sea tan difícil para él. Me había escuchado decir que la iglesia les había fallado a los hombres y las mujeres que luchaban con la atracción homosexual al catalogar ese pecado en particular como uno peor o más culturalmente atroz que los otros, y al no ser misericordiosos con aquellos que dudan ni amables con los que necesitan restauración. Me había escuchado retar a la iglesia a dejar de tratar a ciertas personas y determinados pecados como más aceptables que otros, más redimibles que otros. De hecho, me había escuchado invitar a cualquiera que estuviera luchando con ese tipo de atracción sexual a confiarle sus luchas a Jesús, al igual que todos los demás, a arrepentirse y creer y buscar paz en él.

Había escuchado todo eso, pero le pareció insuficiente.

Sin embargo, como aquella feligresa, Gretchen sabía que yo era un gran partidario de la gracia. Y pensó que si no podía ponerla a prueba conmigo, no podría ponerla a prueba con nadie más.

Había crecido escuchando que la homosexualidad era pecado y veía que la Biblia decía expresamente lo mismo. No obstante, aun así no parecía ser igual a otros pecados que se veían más como una cuestión de practicarlos o no practicarlos. La mayoría de las cosas que la Biblia llama pecado son un asunto de decisión. Lo haces o no lo haces. Empiezas a hacerlo o dejas de hacerlo. Para ella, no parecían ser un tema del corazón.

—Yo no elegí ser así —dijo—. Eso es parte de mí. *Soy* yo.

En su mente y en la mente de muchísimos otros, su orientación sexual era parte de su identidad, de su «diseño». Razonaba que no había escogido ser homosexual, tal como yo no había escogido ser heterosexual.

—Imagínate que Dios te prohibiera ser heterosexual —aseveró.

Pensé: *Bien, hay ciertas formas de ser «heterosexual» que Dios prohíbe.* Sin embargo, no lo dije. En cambio, señalé:

—Primero, te agradezco que compartas esto conmigo. Me indica que por alguna razón confías en mí. No obstante, en segundo lugar, debo decirte que creo que no estás entendiendo la gracia de manera bíblica.

Traté de decirlo de la manera más amable y clara posible, pero el mensaje no llegó bien.

—Me imaginé que ibas a decir eso —replicó—. Pero no entiendes para nada cómo se siente.

—No. Tienes razón. No sé cómo se siente esto específicamente. Pero sí sé cómo se siente tener algo incrustado en los huesos, tener un deseo del cual ojalá pudiera deshacerme, pero que por alguna razón Dios no me quita, y preguntarme qué hago con lo que aparentemente es algo para lo que fui creado.

—¿A qué te refieres?

—Me refiero a que no puedo hablar con autenticidad con respecto a sentirme atraído hacia el mismo sexo, pero puedo hablar a partir de la experiencia y preguntarme por qué Dios permitiría deseos en mí que él no desea que satisfaga. ¿Por qué Dios me haría de esta manera solo para impedirme que sea feliz? Ese sentimiento *sí* lo entiendo.

Y, querido lector, es probable que tú también lo entiendas. Quizá no luchas con sentirte atraído hacia el mismo sexo, o tal vez sí, pero la idea de que existen anhelos internos tanto innatos como prohibidos es una interrogante espiritual que todos enfrentamos. Casi todos los hombres cristianos heterosexuales que conozco han tenido que avergonzarse habitualmente debido a una lujuria natural e instintiva que sienten por alguna mujer. Existen pecados como la gula y la preocupación que surgen del entramado de nuestra propia naturaleza. Y así es. Porque nuestra naturaleza caída siempre nos perseguirá en este lado antes del regreso de Cristo.

Sin embargo, ¿acaso Dios no quiere que seamos felices?

Bueno... es complicado. En efecto, es tan complicado como nosotros.

Cuando la serpiente se acercó reptando a Eva en el jardín, aquello con lo que la tentó no estaba fuera de su diseño. Plenitud. Belleza. Ilustración. Todas estas son cosas que Dios creó para que ella las deseara. De hecho, Adán y Eva habían sido creados con una capacidad interminable para la plenitud, la belleza y la ilustración, con la condición de que estuvieran orientados hacia la dirección correcta. El conocimiento que ella podía tener de estas cosas, recibido de una forma estrictamente prohibida, era el problema; pero la capacidad de adquirirlas era parte de su diseño.

Ahora bien, antes de ir demasiado lejos, quiero reiterar que no creo que la homosexualidad sea parte del diseño de Dios para el ser humano. Como todos los pecados sexuales, incluidos los deseos pecaminosos experimentados heterosexualmente (o monosexualmente), la homosexualidad es una consecuencia de la caída, en esencia, una separación del buen diseño de Dios para el hombre y la mujer y su experiencia de la sexualidad. Y esto aplica para todos los pecados de carácter sexual, o sea, para la expresión de la sexualidad de formas explícitamente prohibidas en la Biblia. Toda inmoralidad sexual es la corrupción de algo bueno e incluso de *deseos* que son esencialmente buenos. Eso incluye cosas como la intimidad sexual y la vivencia del verdadero amor. Fuimos creados para conocer a otros y ser conocidos por otros. Fuimos creados para vivir el amor. Por lo tanto, estos deseos no son pecados, incluso si las formas en que nos sentimos diseñados para satisfacerlos muy a menudo sí lo son. No se trata de un fenómeno distintivamente «gay». Este lado de la caída es nada más que una parte de ser humano.

Y es por eso que le dije a Gretchen que no estaba viendo el panorama completo con respecto a la gracia. La mayor parte del tiempo pensamos acerca del pecado como ella lo hizo: son cosas que se hacen o no se hacen. Y luego la gracia es lo que te libra de culpa cuando te equivocas. Sin embargo, el pecado es más grande que eso. Y la gracia también.

En efecto, el pecado tiene que ver más con cómo estamos hechos. Las acciones pecaminosas son simplemente la expresión externa de nuestra naturaleza pecaminosa. Esta es la razón por la que Jesús, en el famoso Sermón del Monte, comenzó a reconfigurar el lugar del pecado desde la conducta externa hasta el carácter interno. Él no dijo que cometer adulterio físico no fuera grave; más bien, aseguró que cualquiera de nosotros puede ser tan culpable de pecado sexual como los adúlteros que lo cometen físicamente, porque el trastorno pecaminoso comienza en nuestro ser interior. Lo mismo aplica para la correlación que hace entre el asesinato y la ira.

El pecado no se trata únicamente de un mal funcionamiento; se trata en esencia de una falla interna.

Desde ese punto de vista, la gracia no es simplemente perdonar una conducta pecaminosa; también tiene que ver con reparar la falla interna de los pecadores mismos. La gracia de la cual habla la Biblia es poder no solo para justificar, sino también para transformar.

Sin embargo, para tener una mejor visión de lo grande que es la gracia de Dios, tenemos que ver la mentira que nos hizo extraviarnos. Aunque la afirmación «Dios quiere que sea feliz» parece bastante simple y directa, es una mentira convincente por una razón bastante compleja. Contiene todos los anhelos del corazón humano. Así que nos estamos enfrentando al mundo aquí. Primero, tenemos que ser cautos para entender por qué esta aseveración no es cierta y, segundo, ser cautos con la verdad que usamos para contrarrestarla.

En la imaginación del cristiano, existen dos mentiras relacionadas con Dios y la felicidad que operan como una clase de yin y yang. Las abordaremos una por una.

LA PRIMERA CARA DE LA MENTIRA: DIOS SOLO QUIERE QUE SEAS FELIZ

No tienes que ser homosexual para creer que satisfacer tus deseos románticos y sexuales finalmente te hará feliz. Lo sé, porque esta ha sido una lucha para mí la mayor parte de la vida. Recuerdo mis años de adolescente, despierto y acostado en la cama durante las noches, mirando el techo de la habitación, luchando con uñas y dientes contra la lujuria que parecía venir tan natural como respirar, y orando a Dios para que me diera una novia. Si solo tuviera una novia a quien amar y que me amara, no estaría luchando tanto contra el pecado en mi mente.

Por supuesto, me engañaba a mí mismo. Imaginaba que todos mis deseos inapropiados provenían de un amor romántico, que si tuviera a alguien a quien amar que me correspondiera, toda mi ansiedad se desvanecería silenciosamente. Cuando estamos sobrios espiritualmente sabemos que las cosas no funcionan así.

En el libro de Eclesiastés, el rey Salomón es un anciano que mira su juventud y todo el tiempo que desperdició tratando de satisfacer sus deseos, los cuales eran demasiado grandes para contenerlos. Él tenía todo lo que cualquier persona podría querer. Imaginó que tener todo el sexo que deseara resolvería el dolor de su corazón. No funcionó. Imaginó que bastaría con tener toda la belleza natural que sus ojos pudieran percibir. No funcionó. Imaginó que todo el dinero, todas las mansiones, toda la majestuosidad del poder y la sabiduría podrían calmar finalmente la tormenta dentro de su alma. No funcionó.

¿Por qué? Porque en su corazón había un vacío eterno (Eclesiastés 3.11) y ninguna de esas cosas era eterna.

A propósito, es por eso que salirse de la dieta un día o salir una noche a beber con los amigos no alivia realmente el estrés acumulado durante la semana laboral. Por eso la pornografía que consumiste anoche solo te dejó avergonzado, insatisfecho. Y por eso incluso el cónyuge perfectamente idóneo que deseas o tienes no te ha hecho sentir completamente cómodo con el problema que enfrentas.

Ahora estoy en los cuarenta, alejado y protegido de mis años de adolescente, pero no de toda mi estupidez de esa época. Todavía pienso: *si tuviera_____, al fin sería feliz.* Lo que llena el espacio en blanco varía dependiendo de la etapa de la vida en la que me encuentre o incluso de las circunstancias del día, pero repito el mismo error una y otra vez. Creo que algo temporal resolverá algo eterno.

Tal vez este sea el acierto más grande de Satanás. Si puede hacernos descender la mirada al nivel del suelo cuando buscamos plenitud, belleza e ilustración, ya tiene la mayor parte del camino trazado para hacernos desobedecer. Esta es la mejor táctica que tiene, porque se trata de la inclinación que ya reside dentro de nosotros. Debido a la naturaleza pecaminosa con la que todos nacemos, nuestros ojos naturalmente se desvían hacia nosotros mismos y las cosas que nos rodean. De hecho, se requiere de la ayuda sobrenatural para levantar la mirada y contemplar la plenitud, la belleza y la ilustración máximas de la gloria de Cristo. Extrañamente, mirar hacia Dios va contra nuestro ser, por lo que todo lo que el diablo debe hacer es acariciarnos. Nos gusta una buena caricia.

La búsqueda de la felicidad es probablemente la experiencia más universal de todos los tiempos. Por ejemplo, hay un motivo por el cual el tratado evangelístico «Las cuatro leyes espirituales», famoso desde 1952, incluye la promesa «Dios te ama y tiene un plan maravilloso para tu vida», en lugar de «Dios te ama y tiene un plan difícil para tu vida». Ya conocemos la parte difícil. Es la parte maravillosa, la que *queremos*.

Así que cuando escuchamos la afirmación «Dios solo quiere que seas feliz», se siente bien.

Esta afirmación contiene una lógica que es difícil de refutar. Como mi amiga Gretchen dijo, difícilmente se trata de una cuestión de hacer o no hacer. En realidad se trata de ser o no ser. Y podemos rastrear el origen de tal lógica hasta la concepción que tenemos de Dios mismo.

Dios nos creó. Nos creó con la capacidad de ser felices. Nos hizo con intereses únicos, temperamentos específicos y deseos intensos. ¿Qué clase de Dios querría que reprimiéramos esas cosas? ¿Por qué nos haría semejante broma?

Dios es bueno, ¿no es cierto? Entonces, ¿por qué un Dios bueno querría que fuéramos infelices, no siendo fieles a nosotros mismos?

Si recuerdas bien, esta es la táctica que aplicó Satanás con Eva en el jardín. En variadas palabras, esto fue lo que dijo: «Mira, ¿por qué Dios te haría con la capacidad de convertirte en un ser capaz de reflejar la imagen divina para luego quitártela? ¿Por qué no ser como él?». De cierta forma, Eva ni siquiera sabía lo que le faltaba hasta que la serpiente le contó acerca de lo que se estaba perdiendo.

«Puedes hacerlo», insinuó. «Entonces, ¿por qué no lo harías?».

Resulta fácil insertar la creencia en esta mentira únicamente en el mundo del placer hedonista. La mayoría de nosotros puede mirar al adicto al sexo, el avaro codicioso, el abusador hambriento de poder o el tragón obsesivo de placer e identificar fácilmente la falsa felicidad, incluso cuando ellos mismos parecen tan ciegos ante sus propias perversiones. No obstante, es la melancolía común la que nos afecta a la mayoría de nosotros. Tú y yo no somos pervertidos en busca del placer. ¿Cierto?

Bueno, tal vez no. Sin embargo, avanzamos por el carril paralelo cada vez que suponemos que si no somos felices, nos están robando. Porque, tal como esos repulsivos pervertidos *del mundo,* tenemos la inclinación a conseguir nuestra propia felicidad como meta máxima de la vida.

La cruda verdad es que Dios no quiere que seamos felices nada más.

LA PRIMERA PRIORIDAD DE
DIOS PARA TU VIDA

«Haz el bien por ti. Haz el bien porque Dios quiere que seas feliz».[1]

Así proclamaba Victoria Osteen desde el escenario de la Iglesia Lakewood de Houston, Texas, en un video ahora borrado que generó una aparición viral en los titulares en el año 2014. De pie, al lado de su esposo y pastor conjunto, Joel, quizás el proponente más renombrado del mundo de la religión de autoayuda. Lo aseverado por la señora Osteen parecía tener algo de verdad. Y por supuesto que sonaba bien. Ella dijo: «Cuando obedecemos a Dios, no lo hacemos por Dios [...] Lo hacemos por nosotros mismos. Porque Dios se deleita cuando somos felices. Es lo que más lo alegra».

¡Qué aseveración más atrevida! Sin embargo, ¿es cierta?

Como ocurre con la mayoría de las cosas, el contexto lo es todo. Y en un contexto religioso en el que el pecado se menciona rara vez o nunca (y mucho menos se reprende), la cruz de Cristo parece más un error que una figura central. El mensaje prevaleciente es «ten ahora la mejor vida que puedas», «conviértete en una mejor versión de ti mismo» y «piensa mejor, vive mejor», pero la respuesta es no: el mayor placer de Dios no es nuestra felicidad. Los Osteen y un puñado de otros predicadores del evangelio de la prosperidad han hecho de este mensaje su mercancía y su fuente de comercio. Se trata de autorrealización disfrazada de cristianismo, y se asemeja a la espiritualidad de la Nueva Era más que a la espiritualidad de la Biblia.

¿Por qué? Porque según las Escrituras, la prioridad de Dios no parece ser en absoluto nuestra felicidad, al menos no como lo presentan los Osteen del mundo, en términos de salud, riquezas y éxito personal.

¿Cuál es, entonces, la prioridad principal de Dios para nosotros? Quiero decir, ¿qué rayos es lo que está haciendo Dios con nosotros? ¿Te has preguntado eso alguna vez?

Antes de responder la pregunta, déjame elaborar mi respuesta con un breve sondeo de la vida real. ¿Listo?

Tú y yo llegamos a este mundo a través de un proceso muy doloroso para nuestras madres, incluso si hubiesen tenido el beneficio de una epidural u otro mecanismo analgésico para dar a luz. El período del embarazo es difícil. Dar a luz es difícil. Y luego salimos al mundo, habitualmente llorando. Como niños, a veces somos felices y muy a menudo no lo somos. Luego crecemos y podemos manejar nuestras emociones y racionalizar nuestras expectativas insatisfechas de mejor manera —en su mayor parte—, pero la vida es difícil. Cuando somos pequeños, creemos que ser adolescentes va a ser increíble. Luego, nos convertimos en adolescentes y deseamos ser adultos. Entonces somos adultos y nos damos cuenta de cuánto extrañamos ser pequeños.

Cada etapa de la vida entraña todo tipo de pruebas. Cada etapa de la vida presenta nuevos desafíos, nuevas heridas, sueños no realizados y temores que nos superan. Luego nos volvemos viejos y todo comienza a doler y a caerse a pedazos. Al final, morimos. Como dijo Job: «Pocos son los días, y muchos los problemas, que vive el hombre nacido de mujer» (Job 14.1, NVI). En otras palabras: «La vida apesta, luego mueres». (Nunca permitas que nadie diga que la Biblia no lo declara explícitamente). ¡Jamás verás al evangelio de la prosperidad predicando eso!

Ahora bien, si somos afortunados, a veces en medio de todos los problemas podemos dar largas caminatas por la playa, mirar el amanecer y las puestas de sol, ir al zoológico, ver a nuestros hijos jugar en el patio, reír con los amigos durante los juegos de mesa o alrededor de una fogata, escuchar a la abuela cantar un himno mientras hace galletas, darle la mano a tu cónyuge mientras ven una película, recibir un montón de abrazos y besos, escuchar *El Mesías* de Haendel, ver la nieve caer en una mañana tranquila de Navidad y vivir un millón de otros placeres más. En ocasiones pensamos que esas son las cosas que hacen que la vida valga la pena.

Por eso a veces no creemos que valga la pena vivir cuando no tenemos lo suficiente de estas cosas o nada de ellas. Los dolores parecen superar en número a los placeres. O incluso si no llegamos a ese tipo de desesperación, de vez en cuando luchamos con el dolor del corazón que ningún placer terrenal parece consolar. Nos enfermamos, o peor que eso, una persona que amamos se enferma. Cometemos errores, a veces tan grandes que no prometen ser rectificados. Algunos nos insultan, nos traicionan y se convierten en personas de las que no queremos ser amigos. A veces, esa persona es nuestro cónyuge o nuestro hijo o nuestros padres o nuestro pastor. Perdemos el trabajo, perdemos la salud, perdemos la visión. Vamos al médico, al terapeuta, al consejero. Vamos a la iglesia.

En ocasiones, el dolor no es algo cuya causa podamos identificar. Está ahí nada más, bajándonos el ánimo y merodeando a nuestro alrededor todo el tiempo. Es una sombra que nos cubre o una oscuridad profundamente enterrada dentro de nosotros.

Si crees en el Dios de la Biblia, el único Creador que es soberano de todo, de alguna manera tu versión de su forma de felicidad tiene que acomodarse a estas realidades.

El dolor es una razón de por qué tantas personas rechazan la idea de Dios. No ven cómo un Dios que es amor en esencia y está en control de todo podría permitir tanto dolor y dificultades en el mundo. O bien no es amor o no está en control de todo, piensan ellos. Y esto tiene mucha lógica... *si* la prioridad principal de Dios para nosotros es que seamos felices.

Cuando Dios llamó al apóstol Pablo para que sirviera toda su vida a la causa de Cristo, se lo presenta a Ananías de la siguiente manera: «Yo le mostraré cuánto le es necesario padecer por mi nombre» (Hechos 9.16).

Más adelante, Pablo narra sus aventuras misioneras de la siguiente manera:

De los judíos cinco veces he recibido cuarenta azotes menos uno. Tres veces he sido azotado con varas; una vez apedreado; tres veces he padecido naufragio; una noche y un día he estado como náufrago en alta mar; en caminos muchas veces; en peligros de ríos, peligros de ladrones, peligros de los de mi nación, peligros de los gentiles, peligros en la ciudad, peligros en el desierto, peligros en el mar, peligros entre falsos hermanos; en trabajo y fatiga, en muchos desvelos, en hambre y sed, en muchos ayunos, en frío y en desnudez; y además de otras cosas, lo que sobre mí se agolpa cada día, la preocupación por todas las iglesias. (2 Corintios 11.24-28)

Si esta es la realidad bíblica para aquellos que buscan a Dios como el apóstol Pablo, ¿qué esperanza tiene el resto de las personas normales como nosotros?

Es decir, si Dios solo quisiera que fuéramos felices, no habría respondido con una maldición a la rebelión de Adán y Eva (Génesis 3.13-19), ¿cierto?

Por lo tanto, la felicidad no debe ser la principal prioridad de Dios para nosotros. Si lo es, él no es muy bueno siendo Dios. De lo contrario, la vida simplemente consistiría de un placer tras otro.

Ahora que nos han recordado la realidad, volvamos a la pregunta. ¿Cuál es, entonces, la prioridad principal de Dios para nosotros? La respuesta está en todas las Escrituras. Una pequeña muestra:

- «Y creyó a Jehová, y le fue contado por justicia». (Génesis 15.6)
- «Ustedes serán mi pueblo santo». (Éxodo 22.31, NVI)
- «Porque yo soy Jehová vuestro Dios; vosotros por tanto os santificaréis, y seréis santos, porque yo soy santo». (Levítico 11.44)
- «Para que os acordéis, y hagáis todos mis mandamientos, y seáis santos a vuestro Dios». (Números 15.40)
- «Seremos saciados del bien de tu casa, de tu santo templo». (Salmos 65.4)
- «En el camino de la justicia está la vida; y en sus caminos no hay muerte». (Proverbios 12.28)
- «Y santificaré mi grande nombre [...] y sabrán las naciones que yo soy Jehová, dice Jehová el Señor, cuando sea santificado en vosotros delante de sus ojos». (Ezequiel 36.23)
- «Bienaventurados los que tienen hambre y sed de justicia, porque ellos serán saciados». (Mateo 5.6)
- «Mas buscad primeramente el reino de Dios y su justicia, y todas estas cosas os serán añadidas». (Mateo 6.33)
- «Pues si por la transgresión de uno solo reinó la muerte, mucho más reinarán en vida por uno solo, Jesucristo, los que

reciben la abundancia de la gracia y del don de la justicia».
(Romanos 5.17)

- «[Dios] nos escogió en él antes de la fundación del mundo,
  para que fuésemos santos y sin mancha delante de él».
  (Efesios 1.4)
- «Huye también de las pasiones juveniles, y sigue la justicia».
  (2 Timoteo 2.22)
- «Seguid la paz con todos, y la santidad, sin la cual nadie
  verá al Señor». (Hebreos 12.14)
- «Como aquel que os llamó es santo, sed también vosotros
  santos en toda vuestra manera de vivir». (1 Pedro 1.15-16)
- «El que es justo, practique la justicia todavía; y el que es
  santo, santifíquese todavía». (Apocalipsis 22.11)

Hay muchos más ejemplos. Sin embargo, la conclusión es esta:
la trama de las Escrituras es que Dios ha priorizado su propia gloria
—una y otra vez, vemos que todo lo que dice y hace es para dar a
conocer su gloria, por su nombre— y esto significa que la máxima
preocupación de él con respecto a nosotros es que seamos santos.

Ahora bien, la santidad no excluye la felicidad. La una no
va en contra de la otra, como si la santidad requiriera ser infeliz.
Tampoco tenemos ninguna base bíblica para concluir que Dios,
en cierto modo, es feliz cuando somos infelices. Un poco más
adelante hablaré más sobre cómo la felicidad y la santidad trabajan
juntas, pero por ahora basta con ver que, *en cuanto a prioridades*,
Dios está mucho más preocupado de que seamos santos que de
que seamos felices.

Considera al sufriente Job de los tiempos antiguos de la Biblia.
Este hombre perdió todo lo bueno que tenía en la vida: sus hijos,
su sustento, sus posesiones e incluso su salud. Sentado sobre un
montón de ceniza, rascándose los furúnculos de la piel mientras su

esposa lo regañaba, sus amigos lo acusaban y el diablo lo afligía, con toda seguridad Job no era feliz. Así, el énfasis del libro de Job no consistía en que él debía verle el lado positivo a las cosas. No podía hacerlo. El énfasis no consistía en que debía pensar positivo, poner cara de felicidad o fingirla hasta poder disfrutarla realmente. No, desde la perspectiva de Dios, el énfasis estaba en que Job debía conocer la gloriosa grandeza de la santidad de Dios y en que el mismo Job debía ser santo también (Job 1.22).

Esto es importante para la persona que cree en el Dios de la Biblia, porque significa que si bien la felicidad va y viene según las circunstancias de la vida o la disposición de nuestro temperamento, la santidad siempre está a la mano. Podemos ser santos incluso cuando no estamos felices y viceversa.

Ser santo es «ser apartado» para buscar una sumisión a Dios que refleje su existencia y su carácter, y que —esto es importante— refleje más el carácter de quienes fuimos creados para ser, aquellos que fuimos antes de creer la mentira satánica que nos hizo impíos.

Esto es lo que hace tan peligrosa a la verdad a medias de que «Dios solo quiere que seas feliz». El diablo estaría perfectamente satisfecho si nosotros estuviéramos perfectamente satisfechos lejos de la santidad de Dios. Él hará lo que sea necesario para lograr que nos interesemos finalmente en nuestra propia felicidad. A él no le importa cómo nos sentimos siempre y cuando seamos poco rectos. Al diablo le encantaría que fueras perfectamente feliz siempre y cuando no seas santo. Él sabe que los impíos felices le roban la gloria a Dios y se van felices al infierno.

Así es que no, Victoria Osteen no está totalmente en lo cierto cuando asevera que debemos hacer el bien por nosotros mismos en lugar de hacerlo por Dios, porque la principal preocupación de Dios no es nuestro placer, sino nuestra santidad.

Sin embargo, Osteen no está totalmente equivocada tampoco.

LA OTRA CARA DE LA MENTIRA: A DIOS NO LE INTERESA QUE SEAS FELIZ

Como mencioné anteriormente, existen dos mentiras relacionadas con Dios y la felicidad, las cuales operan como una clase de yin y yang en la imaginación de los cristianos. La primera es que «Dios solo quiere que seamos felices». El problema con esa mentira está en la palabra *solo*. La prioridad de Dios no es nuestra felicidad, sino nuestra santidad. No obstante, Dios no se muestra desinteresado en lo que respecta a nuestra felicidad. Por lo que la otra parte de la mentira es el extremo opuesto: «A Dios no le interesa que seas feliz».

Los que reaccionaron a esa mentira probablemente fueron los que más deseaban creer la verdad a medias de Victoria Osteen. Y para ser claros, lo que ella dijo acerca de obedecer a Dios no por él, sino primordialmente por nosotros mismos —que él es feliz cuando somos felices— en contexto, está totalmente equivocado y es espiritualmente peligroso. Osteen se descarriló y cayó directo en la zanja. Sin embargo, el camino correcto está a la vista.

Osteen *no está totalmente* equivocada, porque caminar con Dios, para que el lector entienda, es algo *feliz*. Una felicidad distinta, por supuesto. Pero algo feliz, al fin y al cabo. No es una felicidad despreocupada. No es felicidad por determinados momentos o regalos. Sino una felicidad en el Soberano, en el Dador. George Whitefield, predicador anglicano del siglo dieciocho, explicó:

Caminar con Dios es tan honorable como placentero. El más sabio de los hombres nos ha dicho que los «caminos [de la sabiduría] son caminos deleitosos, y todas sus veredas paz». Y recuerdo al piadoso señor Henry, cuando estaba a punto de expirar, diciéndole a un amigo: «Has oído las palabras de muchos hombres moribundos y estas son las mías: una vida en comunión con Dios es la vida más deleitosa del mundo». Estoy seguro de que puedo afirmar que eso es cierto. De hecho, he sido reclutado para llevar el estandarte de Jesús solo por unos pocos años; pero he disfrutado de más placer en un momento de comunión con mi Dios del que debería o podría haber disfrutado en los caminos del pecado si hubiese seguido cayendo en ellos por miles de años.[2]

Whitefield, de esa forma inimitable y característica de él, nos ayuda a recordar la verdad bíblica de que la santidad y la felicidad no se oponen la una a la otra, sino que a menudo van de la mano. En efecto, Dios no se opone a nuestra felicidad; solo desea que encontremos nuestra máxima felicidad *en él*.

Reflexionando sobre el desafortunado cambio de prioridades de la señora Osteen, el académico y pastor presbiteriano estadounidense Ligon Duncan nos recuerda algo que los cristianos históricos, en contraste con muchos de la actualidad, han creído sobre la búsqueda de la santidad:

> El propósito, la meta y el fin principal y más alto de nuestra vida es la gloria de Dios. Es por eso que vivimos. Mientras muchos de nuestros contemporáneos piensan que Dios es el principal medio para nuestro fin más alto (la felicidad), nosotros no creemos que Dios sea un medio para un fin; él es El Fin. Él es la razón y la aspiración por la que existimos. No existe felicidad, satisfacción, plenitud y gozo máximos fuera de él.[3]

En un artículo de 2015 en el sitio web *For The Church*, el pastor y profesor universitario David Prince elaboró una defensa bíblica e histórica de la felicidad cristiana. Él escribió:

Sin importar lo que uno piense de este enfoque de oponer la felicidad a la santificación cristiana, debe reconocerse que se trata de una perspectiva novedosa entre los cristianos de todas las épocas. La mayoría de los maestros cristianos ha enseñado una relación vital e indivisible entre el gozo y la felicidad y entre la santidad y la felicidad.[4]

Prince prosigue citando a cristianos desde los padres de la iglesia hasta John Piper y Randy Alcorn en defensa de la conexión inherente entre la santidad y la felicidad.

Sin embargo, lo importante que debemos recordar es que nuestra prioridad no debe ser un sentimiento en particular, sino una comunión particular, una comunión cercana con el que es la fuente inagotable de una felicidad duradera y profunda, ese tipo de felicidad que no proviene de ninguna circunstancia terrenal ni placer temporal.

Cuando abordemos la cuarta mentira, hablaré más sobre la conexión entre nuestras emociones y nuestra relación con Dios. Por ahora, basta con reafirmar que Dios no quiere que solo seamos felices ni tampoco se muestra desinteresado por nuestra felicidad. Discernir la verdad bíblica entre estos extremos es una jugada clave contra las artimañas del diablo. Y esto también involucra discernir la diferencia entre cómo pensamos comúnmente acerca de la felicidad y cómo habla de la felicidad la Biblia.

LA DIFERENCIA ENTRE LA
FELICIDAD Y EL GOZO

Mucho se ha escrito y dicho sobre la distinción entre «felicidad» y «gozo», y muchos consideran tal distinción arbitraria. Por ejemplo, David Prince escribió:

Tal vez la palabra «felicidad» se usa de manera más amplia que la palabra «gozo», pero estos términos son prácticamente sinónimos. La mayoría de las definiciones de «gozo» que aparecen en los diccionarios teológicos lo describen usando la palabra «felicidad».[5]

En las Escrituras, sí, comúnmente son sinónimos. Sin embargo, definitivamente esto no es el caso en la jerga moderna. Este es uno de los problemas con la aseveración de Victoria Osteen. Todo depende del contexto.

Trayendo esto a la actualidad, pensamos en la felicidad como una emoción satisfactoria que se puede obtener de las personas, las cosas y las experiencias. Cuando me aumentan el salario, me siento más feliz que cuando no lo hacen. Cuando mis hijos sacan buenas calificaciones, me siento más feliz que cuando no. Cuando mi esposa me da un beso al llegar del trabajo, me siento más feliz que cuando no me lo da. Cuando ocurren cosas tristes, me siento triste. Cuando ocurren cosas felices, me siento feliz. A esto se le llama ser un ser humano normal, bajo cuya condición respondo según las circunstancias positivas o negativas de la vida. Esto es lo que la gente quiere decir hoy cuando habla de la felicidad.

La Biblia deja mucho espacio para esta normalidad humana. Fíjate en Eclesiastés, por ejemplo, donde se anima a las personas a disfrutar de los buenos dones de la tierra que Dios nos concede a todos nosotros (Eclesiastés 3.13). Sin embargo, este no es el tipo de felicidad que la Biblia nos *promete* conseguir a través de la fe en Jesús. No, en realidad, seguir a Cristo implica en esencia asumir la obra de la crucifixión espiritual todos los días (Lucas 9.23), a menudo atravesando lugares muy infelices. En ninguna parte se nos anima a tener un complejo de mártir ni a actuar felices cuando pasamos por circunstancias tristes. Más bien, se nos ordena regocijarnos en todas las circunstancias (Filipenses 4.4; 1 Tesalonicenses 5.16).

Por lo tanto, el gozo debe ser algo distinto a la felicidad (del tipo circunstancial).

¿Qué es el gozo?

El gozo es la música que suena cuando nuestro corazón está en sintonía con la frecuencia de la gloria de Dios y nuestra conexión a ella. El gozo es el contentamiento reverencial intencionado que el corazón experimenta en nuestra justificación con Dios. El gozo es la convicción de que, sin importar lo triste de nuestras circunstancias o la debilidad de nuestro cuerpo, estamos seguros en el soberano Dios que nos ama.

¿Ves que el gozo va mucho más profundo que la mera felicidad? La felicidad depende de nuestras circunstancias. El gozo depende de nuestro Salvador.

Por eso, aunque se nos promete a los creyentes atravesar momentos tristes (Juan 16.33), también se nos promete el don del gozo (Juan 15.11; Gálatas 5.22).

LA FELICIDAD QUE JESÚS PROMETE

El diablo promete felicidad también. «Come de este fruto», nos insta en un millón de formas diferentes, todos los días. Ofrece la promesa de plenitud, belleza e ilustración. Todas las cosas que son más profundas que los placeres efímeros. No obstante, su promesa es igual de efímera. Él quiere que encontremos en las dádivas lo que solo se puede encontrar en el Dador.

Satanás y sus subordinados no pueden crear nada bueno. Y muchas veces, aquello con lo que nos tientan no es algo verdaderamente prohibido, sino algo bueno que podría conseguirse *de una manera prohibida*. Dios declara que el sexo es un don bueno que debe disfrutarse solo entre una esposa y un esposo. Sin embargo, los años pasan, la vida se vuelve rutinaria, la vida sexual se torna un poco aburrida o es casi inexistente. ¿Por qué Dios querría que nos perdiéramos de algo bueno que él hizo? Él creó esas terminales nerviosas, ¿o no? ¿Y querría él que nos sintiéramos miserables? Una mirada de reojo a otra persona por aquí, una probadita de otra cosa por allá... ¿a quién le hace daño?

No, el sexo no es lo malo. Es la perversión del sexo.

En su obra clásica de ficción sobre la guerra espiritual, *Cartas del diablo a su sobrino*, C. S. Lewis imaginó a un demonio experimentado (Escrutopo) intercambiando cartas con uno de sus protegidos (su sobrino Orugario) mientras este último busca tentar y afligir a su cristiano asignado. El libro es brillante por la perspectiva que ofrece sobre las artimañas y aplicaciones satánicas, de modo que los cristianos puedan estar alertas contra ellas. En una de las cartas, el tío Escrutopo entrena a su pupilo sobre la perversión del placer, recordándole que el pecado que ellos ofrecen es seductor, en parte, porque se corresponde con algo que su Enemigo (Dios) en realidad creó para bien:

> Ya sé que hemos conquistado muchas almas por medio del placer. De todas maneras, el placer es un invento Suyo, no nuestro. Él creó los placeres; todas nuestras investigaciones hasta ahora no nos han permitido producir ni uno. Todo lo que podemos hacer es incitar a los humanos a gozar de los placeres que nuestro Enemigo ha inventado, en momentos, o en formas, o en grados que Él ha prohibido. Por eso tratamos siempre de alejarnos de la condición natural de un placer hacia lo que es menos natural en cuanto a este, lo que menos huele a su Hacedor, y lo menos placentero. La fórmula es un ansia siempre creciente de un placer siempre decreciente.[6]

Cualquiera que ha cedido una serie de centímetros en el camino para degradarse a sí mismo sabe cómo se siente. Esto se evidencia en la pornografía, en la comida, en literalmente cualquier otra buena dádiva de la cual abusamos en nuestra búsqueda de plenitud, belleza e ilustración. Se requiere cada vez más para estar igual de drogado. La idolatría es drogadicción.

Sin embargo, cuando nos orientamos en torno al Hijo, se logra alinear el sistema solar de nuestros deseos y apetitos, orbitando todos alrededor del centro de aquel que es la personificación del gozo.

Jesús les dijo a sus seguidores: «Hasta ahora nada habéis pedido en mi nombre; pedid, y recibiréis, para que vuestro gozo sea cumplido» (Juan 16.24).

A diario, tú y yo vivimos dentro de un choque de dos cosmovisiones, externa e internamente. Esta es precisamente la misma tensión con la que ministró Jesús durante su estadía en la tierra. Existe una cosmovisión que podríamos llamar *materialismo*, de la cual incluso los seguidores de Jesús parecían no poder mantenerse alejados y en la cual sigue sumergido todo el mundo no creyente. Y luego tenemos la cosmovisión del cristianismo. Muchísimos de los problemas de los discípulos surgieron por confundir la cosmovisión del cristianismo con la del materialismo. Y muchos de nuestros problemas surgen también por confundir estas dos perspectivas del mundo. Esta es una de las razones por las que resulta tan atractivo sacar de contexto versículos como Juan 16.23-24, aunque no lo hagamos intencionalmente.

La cosmovisión del materialismo sigue esta línea de pensamiento:

1. La necesidad más imperiosa de la raza humana es satisfacer sus deseos (o sentimientos).
2. Por lo tanto, necesitamos cosas, vivencias y logros para satisfacer nuestros deseos.
3. Y luego podremos ser felices.

El materialismo comienza con nuestros deseos (o apetitos). Presupone que tener «cosas» satisface esos deseos. Y cuando logremos satisfacerlos, entonces seremos felices.

El cristianismo, por el contrario (como lo hemos dicho), no está completamente desinteresado en nuestros deseos o sentimientos —definitivamente les habla a esas cosas— pero comienza y va mucho más profundo que cualquier otra cosmovisión. El cristianismo sigue esta línea:

1. La necesidad mayor de la raza humana no consiste en deseos insatisfechos, sino en una gloria frustrada. Nuestro mayor problema no es los sentimientos insatisfechos, sino el pecado. Estamos desconectados de Dios y no alcanzamos su gloria debido a nuestra desobediencia y rebelión contra él.

2. Por lo tanto, lo que necesitamos no son cosas, vivencias ni logros, sino salvación, redención, perdón, rectitud y rescate; primeramente, necesitamos la gloria de Cristo.

3. Una vez que tenemos a Cristo (por medio de la fe), independiente de nuestras circunstancias o sentimientos (felicidad o tristeza), tenemos acceso a algo que va mucho más profundo que los sentimientos circunstanciales. Podemos tener gozo. «Plenitud de gozo», en realidad.

Por lo tanto, el materialismo ofrece vivencias circunstanciales y cosas temporales que satisfacen deseos superficiales, mientras que el cristianismo ofrece la gloria de Cristo que satisface el vacío eterno de nuestra alma.

El problema de la cosmovisión materialista es que no es lo suficientemente profunda. Todos buscamos la felicidad, pero Jesús ofrece un pozo sin fondo, abundante y eterno de gozo infinito.

Como los discípulos, muchas veces pensamos que atesoramos a Jesús, pero solo vemos al Jesús que queremos ver, al Jesús que *queremos* que sea. Él sabe que cuando nos enfrentamos a la posibilidad de una inmensa tristeza, tal como les ocurrió a los discípulos durante los tres días de crucifixión y sepultura de Jesús, podemos terminar deshechos por la confusión y el dolor.

Jesús sabe que sus seguidores, desde que ascendió a los cielos, tienen que sufrir una vida muy difícil en la expansión de su misión. Son amenazados, acusados, exiliados, torturados en algunos casos, y en muchos otros ejecutados por su fe.

Sin embargo, él les promete algo. Les hace una promesa que es mucho más grande que las recompensas y éxitos terrenales.

> De cierto, de cierto os digo, que vosotros lloraréis y lamenta-réis, y el mundo se alegrará; pero aunque vosotros estéis tristes, vuestra tristeza se convertirá en gozo. La mujer cuando da a luz, tiene dolor, porque ha llegado su hora; pero después que ha dado a luz un niño, ya no se acuerda de la angustia, por el gozo de que haya nacido un hombre en el mundo. También vosotros ahora tenéis tristeza; pero os volveré a ver, y se gozará vuestro corazón, y nadie os quitará vuestro gozo. (Juan 16.20-22)

El dolor es una promesa. Y, querido lector, *tu* dolor es una promesa.

Un día tus lágrimas no solo serán secadas para siempre, sino que también se convertirán en un gozo exultante. Él cambiará tus cenizas por belleza. Cada dolor que padeciste será almacenado y devuelto a ti como una dicha celestial multiplicada por millones.

Con esto en mente, retomemos la pequeña teología de la oración que Jesús ofrece en Juan 16:

> En aquel día no me preguntaréis nada. De cierto, de cierto os digo, que todo cuanto pidiereis al Padre en mi nombre, os lo dará. Hasta ahora nada habéis pedido en mi nombre; pedid, y recibiréis, para que vuestro gozo sea cumplido. (vv. 23-24)

Cuando oramos, cuando esperamos recibir cualquier cosa de Dios, enfrentamos un choque de cosmovisiones. ¿Caminaremos por vista o según el materialismo? ¿O caminaremos por fe, demostrando un verdadero cristianismo? La frase clave en este pasaje es la que se repite: «en mi nombre». La misma está directamente conectada con la máxima prioridad de Dios para nosotros, que es una santidad que refleje su máxima prioridad para sí mismo, es decir, su gloria.

A veces las personas consideran esta oración como si se tratara de palabras mágicas. «Sigues sufriendo porque no tienes suficiente fe», dicen. O señalan: «No has obtenido lo que quieres porque no estás orando lo suficiente». Sin embargo, esto es satánico. No podemos agregar la frase «en el nombre de Jesús» y conseguir lo que queramos. Dios no es una máquina expendedora cósmica que provee para satisfacer nuestros sueños y esperanzas. La esencia de Juan 16.23-24 es que nuestros sueños y esperanzas no son lo esencial. ¡Lo esencial es la gloria de Cristo Jesús!

Cuando pides cualquier cosa «en el nombre de Jesús», lo que eso realmente significa es que quieres que el nombre de Jesús sea magnificado más que todo lo demás. Y si eso significa que el Padre debe decir que no a tus peticiones —ya sean de sanidad, consuelo, «cosas» o *felicidad*—, entonces «no» es mejor que «sí» si tan solo el nombre de Cristo es exaltado.

Lo que tú quieras, Señor, eso queremos. Lo que más gloria te dé, Jesús, eso queremos.

La promesa consiste en que si alineas tus propósitos y ambiciones y peticiones de oración con los propósitos de Dios, de todos modos tú puedes fallar, pero él jamás lo hará. Y al final, tu tristeza se convertirá en gozo.

En una nota al pie te expliqué que la historia de Gretchen era una composición de varias conversaciones similares que he tenido con amigos y amigas que se sienten atraídos por su mismo sexo.

Algunos de esos Gretchens encontraron mi respuesta insuficiente. La mayoría de ellos admitió querer creer en la Biblia. Algunos no estuvieron de acuerdo conmigo con respecto a lo que dice la Biblia sobre la homosexualidad. Algunos concordaron conmigo en que la Biblia prohíbe cualquier acto relacionado con deseos homosexuales, pero decidieron que no les importaba. Querían valorar la Palabra de Dios, pero no obedecerla.

Sin embargo, otros han forjado su camino, con la ayuda de Dios, hacia una creencia difícil. Han tomado la difícil decisión de morir a sí mismos y llevar su cruz cada día.

Una pareja de Gretchens que conozco lleva una vida bastante plena, sometiendo sus deseos a la Palabra de Dios y cumpliendo con lo que él diseñó para el hombre y la mujer. A veces me pregunto por qué los cristianos heterosexuales creen que hacer esto debe ser así de fácil. Puede ser porque no son ellos quienes lo están llevando a cabo.

Para encontrar tu vida, debes perderla. Jesús lo dijo (Mateo 10.39). Jesús quiere que tengas el gozo eterno que es él mismo, no simplemente la felicidad efímera de tu carne.

Hay muchos de nosotros que tenemos el corazón puesto en una felicidad efímera. Y eso está bien hasta cierto punto. Serías alguien raro si solo quisieras estar siempre triste. Serías anormal si disfrutaras cuando te lastimaran. Por lo tanto, ora por sanidad, por consuelo, por las cosas que necesitas. No obstante, recuerda que el verdadero gozo —el cual puedes tener a pesar del dolor, las pruebas, la pobreza, las carencias— puede disfrutarse en cualquier circunstancia debido a que tienes a Cristo, quien nunca te dejará ni te abandonará. Él nunca te desamparará.

Esta es la única «apuesta» segura, y es infinitamente más placentera que cualquier cosa que el diablo ofrece. Dios no quiere «solo» que seas feliz; él desea que seas santo como él es santo y que encuentres gozo verdadero y eterno en él.

SOLO SE VIVE UNA VEZ

No moriréis.
—LA SERPIENTE

EN LA SECUNDARIA, YO ERA UN CHICO MUY LISTO y también me comportaba bastante bien, pero en ocasiones me veía involucrado en algunas de las cosas más idiotas que la gente idiota ha hecho jamás. Esas cosas por lo general involucraban a mis amigos, ninguno de los cuales era tan idiota como todos nosotros juntos. Como dijo Tommy Lee Jones en la película *Hombres de negro*: «Una *persona* sola es inteligente. Las *personas* juntas se comportan como idiotas». No hubo nadie entre nosotros que dijera: «Oye, esto es una soberana idiotez».

¿Hasta dónde llegaba nuestra idiotez?

Varias noches seguidas, durante nuestro último año de secundaria, nos amontonamos dentro del auto de Mike y salimos a recorrer los barrios de los suburbios del noroeste de Houston con Nicky en el maletero. Yo me sentaba en el asiento del copiloto, con un bate de béisbol sobre las piernas, mientras Mike conducía. Nos paseábamos sin ninguna prisa por el frente de la amplia extensión de jardines delanteros bien mantenidos y los buzones de ladrillo del vecindario hasta que una pobre alma terminaba siguiéndonos, situación en la cual esperábamos hasta llegar a una señal de pare.

En esa señal de tránsito, mientras el auto que iba detrás de nosotros simplemente esperaba su turno para seguir su camino, extendía mi mano hacia la guantera y abría el maletero. Entonces Nicky podía «escapar».

Si puedes imaginarte lo bizarro que es ver a alguien saliendo del maletero de un vehículo que está delante de ti en una señal de pare, imagina cuánto más bizarro sería ver al pasajero de ese automóvil, o sea yo, saliendo de un salto del coche, con un bate en la mano, para «recapturar» al fugitivo. Luego de darle unos cuantos batazos poco convincentes en el estómago y la espalda, lo hacía volver al maletero fingiendo que le decía algo al oído, cerraba de golpe el capó trasero y volvía de un salto al asiento del copiloto, para finalmente arrancar a toda velocidad.

Te dije que era una idiotez.

Hicimos esto unas cinco o seis veces, y en ningún momento se nos ocurrió lo idiota que resultaba lo que estábamos haciendo, solo pensábamos que era para morirse de la risa.

¿Los que estaban detrás de nosotros? No pensaban lo mismo.

Hubo personas que nos tocaron la bocina, otras que gritaron, otras que nos increparon enojadas. Un tipo incluso nos persiguió por todo el vecindario. (Nicky tuvo suerte de que ese sujeto se haya preocupado tanto por él). Finalmente, nos detuvimos, pero solo porque la persona que nos perseguía resultó ser un policía que no estaba de servicio. No nos atrapó, pero sí anotó el número de matrícula del auto. Afortunadamente, el oficial supo que se trataba de una chanza estúpida y no de un secuestro que había salido mal. Por lo

tanto, simplemente le hizo una advertencia a Mike y le dijo oficialmente, en representación del departamento de policía del Condado
de Harris, que éramos unos idiotas y que debíamos dejar de hacerlo
antes de que alguien saliera lastimado.

Esto fue a principios de la década de 1990, antes de que todos
tuvieran teléfonos móviles para llamar a la policía o, supongo, subir
nuestras jugarretas a YouTube. Sin embargo, estábamos en Texas.
Lo cual significa que nadie tenía teléfono, pero mucha gente poseía
armas. Supongo que, solo por el gran favor de Dios, no terminé en
un tiroteo defendiéndome con un bate de béisbol.

Si tú, joven lector, piensas que esto es muy gracioso, bueno,
tienes razón. Es muy gracioso. No obstante, también fue muy peligroso y, como dije anteriormente, una soberana *idiotez*. Pero, oye,
solo se es joven una sola vez. ¿En serio quieres pasar toda la vida sin
hacer alguna idiotez de vez en cuando?

Si no, pues deberías.

Se podría decir que de esto se trata el libro de Proverbios. La
mayor parte está escrita desde la perspectiva de un papá, presumi-
blemente con el brazo sobre los hombros de su hijo, mientras lo
enseñaba a no comportarse como idiota. «Hijo, cuídate de la trampa
de la lujuria y de tener amigos idiotas». De eso se trata básicamente
Proverbios, y es el tema común de toda la «literatura de sabiduría»
de la Biblia, llamada así porque está escrita mayormente en canción
y verso y refleja un estilo más filosófico que los libros proféticos y
narrativos. Dios está muy decidido a que dirijamos nuestra vida
sabiamente. Y no de forma estúpida.

> Oye, hijo mío, la instrucción de tu padre,
> Y no desprecies la dirección de tu madre;
> Porque adorno de gracia serán a tu cabeza,
> Y collares a tu cuello. (Proverbios 1.8-9)

En lo que respecta a los accesorios del cuerpo, los adornos y los collares, tal vez no sean tan novedosos como un tatuaje de «solo se vive una vez», pero compensan con su atemporalidad lo que les falta en cuanto a idiotez.

Ya no se escucha mucho la expresión «solo se vive una vez». Como cualquier otro aporte de sabiduría tipo *hashtag*, su lugar consagrado en la cultura popular duró muy poco. En solo unos cortos momentos, la expresión pasó de ser la versión hiphop de *carpe diem* a convertirse en solo un chiste más en la redes sociales, el sujeto de innumerables actualizaciones de estado irónicas y memes sarcásticos.

En el filme del año 1989, *La sociedad de los poetas muertos*, dirigida por Peter Weir, Robin Williams interpreta el papel de un profesor de inglés excéntrico e inspirador, quien les da a sus estudiantes en el internado tradicional el consejo por todos conocido ahora: «Aprovechen el día, muchachos. Hagan que sus vidas sean extraordinarias». Tal vez esta haya sido la primera popularización de «solo se vive una vez» en nuestra era moderna. El profesor Keating, interpretado por Williams, estaba inspirado en la poesía de Walt Whitman y Robert Herrick, así como también en la mismísima belleza de la naturaleza. Sin embargo, han pasado treinta años y los adherentes a la aseveración de que «solo se vive una vez» parecen inspirarse más en el sexo, el dinero y el materialismo.

Los raperos no inventaron la expresión, en todo caso. Fue el diablo.

IDIOTA ES QUIEN HACE IDIOTECES

No fue la aprensión consciente de nuestra juventud lo que llevó a Mike, a Nicky y a mí a armar ese teatro en frente de esos desafortunados motoristas de Houston, sino definitivamente, quizás de manera subconsciente, la bienvenida a nuestra juventud: el reconocimiento implícito de que a lo largo de la historia del tiempo los jóvenes que tienen mucha energía hacen locuras... ¡Y vaya, eso éramos *nosotros*! Jóvenes con mucha energía. No pensábamos en las posibles ramificaciones; solo disfrutábamos de ser adolescentes que hacían lo que hacen los adolescentes. Lo que no hacíamos en absoluto era pensar. Simplemente vivíamos el presente.

El concepto principal de *La sociedad de los poetas muertos*, a saber *carpe diem* (vive el momento), proviene del poema de Herrick titulado «To the Virgins, to Make Much of Time» [A las vírgenes, para darle importancia al tiempo], que dice en parte:

> Recojan capullos de rosas mientras pueden,
> El viejo tiempo sigue volando;
> Y esta misma flor que hoy sonríe
> Mañana estará agonizando.

En otras palabras, la vida es corta y pronto se acaba. Recoge esa flor mientras está floreciendo. Será muy tarde cuando se haya marchitado. Saca el mejor partido de tu tiempo y disfrútalo mientras lo tengas.

Puedes contrastar este verso con cualquier parte de la letra de la canción de Drake, «The Motto» [El lema], pero no hay casi ningún pensamiento completo que sinceramente pudiera reproducir aquí. Mis hijos podrían estar leyendo esto. Si toleras bien el lenguaje explícito y el contenido sexual gráfico, puedes buscar la canción en Google. (No digas que no te lo advertí). O tal vez ya la has escuchado. Todos hacemos tonterías de vez en cuando, así que no sientas vergüenza. Cualquiera sea el caso, Drake, nuestro trovador moderno, se pone poético para hablarnos de que «solo se vive una vez» (el «lema» que se menciona en el título de la canción) y aplicarlo a salir a fiestas, tener sexo con mujeres desconocidas, ganar millones de dólares y tener más sexo con mujeres desconocidas.

Este Drake es un tipo muy original.

Bueno, la verdad es que no. Todo esto de vivir el momento, recoger los capullos y tener la mayor cantidad de sexo indiscriminado posible se remonta a emociones documentadas en la Biblia. Me viene a la mente Isaías 22.13: «Comamos y bebamos, porque mañana moriremos».

Es decir, ¿cuál es el objetivo de la vida si no disfrutas mientras puedes? Esta parece ser la tesis de trabajo detrás de los pensamientos examinados en Eclesiastés 8.14-15:

> Hay vanidad que se hace sobre la tierra: que hay justos a quienes sucede como si hicieran obras de impíos, y hay impíos a quienes acontece como si hicieran obras de justos. Digo que esto también es vanidad. Por tanto, alabé yo la alegría; que no tiene el hombre bien debajo del sol, sino que coma y beba y se alegre; y que esto le quede de su trabajo los días de su vida que Dios le concede debajo del sol.

La consideración sobre la vanidad es importante en este pasaje. Hacer el bien casi nunca parece ser recompensado. Hacer el mal casi nunca parece importar. Entonces, ¿por qué no hacer lo que uno quiere con el tiempo que uno tiene? ¿Por qué no simplemente hacer lo que uno desea hacer?

Una de las cosas geniales de todos los libros de sabiduría de la Biblia es que representan exactamente cómo funciona nuestra mente. De verdad pensamos así. Es probable que esa forma de vivir no sea la norma para nosotros, pero de vez en cuando justificamos pequeñas rebeliones por aquí y por allá, excusamos esta o esta otra desobediencia. ¿Quién se va a dar cuenta? ¿Cuál es la diferencia?

SOLO SE VIVE UNA VEZ

Y lo otro genial de todos los libros de sabiduría es que nos muestran lo idiota que es pensar de esta manera, que pensar así no es pensar en lo absoluto. La lógica de «comamos y bebamos, porque mañana moriremos» no considera todos los hechos. Opera a nivel solo de nuestro apetito y no al nivel de la sabiduría.

La sabiduría sopesa todos los hechos, no solo los convenientes.

En Génesis 3, la mujer le explica a la serpiente que si come del fruto prohibido, el Señor le ha dicho que moriría.

«No moriréis», responde la serpiente.

Lo más estúpido de no pensar más allá de la muerte es no pensar en la muerte en absoluto.

«Estas son cosas de otro nivel», le promete la serpiente.

Y la mujer, sabiendo lo que Dios ha dicho, ignora convenientemente los hechos que él le ha dado, viendo solo el atractivo de lo que está frente a sus ojos. Ella debe haber pensado: «Voy a comer y ser feliz, porque incluso si muero, no será hasta mañana».

El pecado es fundamentalmente una idiotez. Tiene esa lógica de la inmediatez, el atractivo de una aparente sensación de placer —de plenitud, belleza e ilustración— pero siempre nos ofrece aprovechar al máximo el tiempo desperdiciándolo. Las tentaciones que tú y yo enfrentamos todos los días poseen la misma lógica enrevesada:

- «Te lo mereces».
- «Ellos se merecen lo que les estás haciendo».
- «Es solo una probadita, una pequeña miradita, un pequeño placer».
- «No le voy a hacer daño a nadie».
- «Esto te aliviará».
- «Esto te hará feliz».
- «Mira, solo se vive una vez».

Y así, poquito a poquito, elegimos un trocito de la muerte, creyendo que nos dará vida. «No morirás», promete el pecado. Pero luego mueres. Todo morimos.

La lógica enrevesada del pecado es que hace que la indulgencia parezca urgente, apremiante, como si no complacernos fuera perderse una oportunidad, almacenar remordimientos para *más tarde*, al mismo tiempo que trata de convencernos de que ese más tarde nunca llegará. «Solo se vive una vez» es una profunda idiotez, porque los riesgos que presenta sugieren que vivirás para siempre.

Esta es otra razón por la que nunca he entendido el concepto de la lista de cosas por hacer antes de morir. La gente llena su lista de cosas como saltar al vacío atado a una cuerda elástica, practicar el paracaidismo, hacer una escalada libre en el parque Yosemite, y yo pienso: *Para alguien que trata de cumplir sus deseos antes de morir, definitivamente suena como alguien que desea morir.*

Sí, es sabio aprovechar al máximo el tiempo que se nos ha dado. Sin embargo, es sabio entender que el tiempo que se nos ha dado es mucho más largo de lo que pensamos. Los idiotas piensan que solo se vive una vez. El sabio entiende que solo se nos dio una vida y que lo que hacemos importa debido a lo que viene después de ella.

Vive el presente, sí, pero vívelo a la luz de lo que viene cuando te quedes sin presente que vivir.

SOLO DIOS TE PUEDE JUZGAR, Y LO HARÁ

El concepto de que «solo se vive una vez» tiene un par de idiotas como amigos. Uno de ellos es «sin remordimientos». Encuentro esto particularmente delicioso desde el punto de vista emocional cuando lo veo mal escrito en tatuajes, siendo mi favorito «sin

SOLO SE VIVE UNA VEZ

arepentimiento». La idea detrás de «sin remordimientos» es similar a la de «solo se vive una vez», ya que ambas se basan en una indulgencia hedonista, egocéntrica y pertinaz.

Entiendo que muchas personas que dicen «sin remordimientos» piensan en cómo aprovechar al máximo su día en cuanto a pasar tiempo de calidad con su familia y hacerle bien al mundo, pero demasiado seguido se convierte en un sustituto de «comamos, bebamos y alegrémonos». Cualquiera sea el caso, es imposible para aquellos con buena conciencia vivir de verdad sin arrepentirse. Ninguna persona sabia podría vivir jamás sin remordimientos. Tener remordimientos es para aquellos que aprenden de sus errores y se afligen por sus pecados. Esa idea de «sin remordimientos» es para personas sin conciencia. Solo los sicópatas no se arrepienten.

El otro amigo idiota es «solo Dios me puede juzgar». Este lo he visto en calcomanías de ventanas de automóviles, en imágenes de Facebook y en leyendas de fotos de Instagram, e incluso en camisetas aerografiadas. (No sé qué pensará Dios, pero yo definitivamente juzgo eso último). Lo que siempre me parece chistoso es que aquellos que dicen «solo Dios me puede juzgar», por lo general, son personas que viven como si no fuera así.

Reúne a estos tres idiotas —«Solo se vive una vez», «Sin remordimientos» y «Solo Dios puede juzgarme»— dentro de un auto un día viernes en la noche, y obsérvalos maquinar ideas estúpidas a más no poder.

En Hebreos 9.27 dice: «Está establecido para los hombres que mueran una sola vez, y después de esto el juicio». Así que por supuesto, vive esta única vida que tienes. Nada más recuerda que todo eso ocurre con un tiempo prestado. Volviendo a Eclesiastés, el tipo con el tatuaje de «solo se vive una vez» recibe una fuerte dosis de realidad:

> Alégrate, joven, en tu juventud, y tome placer tu corazón en los días de tu adolescencia; y anda en los caminos de tu corazón y en la vista de tus ojos; pero sabe, que sobre todas estas cosas te juzgará Dios. (11.9)

Lo que a Satanás le encantaría que tú hicieras es que pasaras esta vida como si fuera lo único que existe. Primero, él no querrá que pienses para nada en la muerte, ni siquiera que te dé una sensación de pavor. Al diablo le gusta traficar con el miedo, pero no es su táctica inmediata, porque sabe que las personas temerosas a menudo piden ayuda, lo que significa que ellas están muy cerca de tener sus oídos abiertos al rescate divino. Más bien, quiere que pienses de la muerte como algo remoto, sin importancia, ciertamente no como una cosa que pudiera ocurrir mañana o en los próximos diez minutos. Él desea que te emborraches con un sentido de inmortalidad. Esto se da de forma un poco natural en los adolescentes, en los hombres especialmente, pero persiste en una clase de adolescencia perpetua en la cultura occidental, donde la juventud es idolatrada y la inmortalidad se vende en pequeños paquetes por parte de mamás futboleras que emplean la estafa piramidal, y la ofertan a descuento los gimnasios de «vida saludable» cada Año Nuevo.

«Solo se vive una vez, y podría también ser para siempre». Esa es la primera mentira que el diablo intenta hacernos creer.

Si eso no funciona —si insistes en reconocer tu propia mortalidad y finitud— él dirá: «De acuerdo, de acuerdo, sí, vas a morir. Y sí, puede que en efecto ocurra mañana. ¡Por lo mismo, obtén el mayor placer posible! Recoge esos capullos de rosas, incluso los del patio de otro, incluso los que se te indicó explícitamente no recoger. Solo tienes una vida y es muy corta como para seguir las reglas». Si no niegas que vivirás para siempre, él querrá que te enfoques lo más posible en el aquí y el ahora, como si la muerte fuera algo tremendamente insignificante que amenaza con arruinar la fiesta.

Lo que el diablo absolutamente *no* quiere es que consideres lo que viene después de la muerte. «Solo se vive una vez», insiste, no simplemente como un proverbio que motiva a aprovechar al máximo el día, sino como un dogmatismo teológico. Él quiere que dejes de leer antes de llegar a la última línea de Eclesiastés 11.9, la cual declara que «sobre todas estas cosas te juzgará Dios».

Puedes pensar que estoy exagerando en todo esto. Sin embargo, «solo se vive una vez» no es solo el lema de adolescentes de cabezas huecas y adultos amantes de la adrenalina. Es el lema de cada persona cuya inversión en el futuro está limitada a su plan de jubilación y los beneficios materiales que deja a su familia. Es el lema de cada mamá cuya principal preocupación por sus hijos es que terminen siendo sanos, estudiando en una buena universidad o con un cónyuge respetable. Es el lema de cualquier persona que va por la vida sin pensar nunca en lo que viene después de su último suspiro.

«Solo se vive una vez» es la afirmación subconsciente de toda persona, como tú y yo, que vive su vida con una ansiedad abrumadora por los problemas del día, *como si no hubiera nada más.*

La vida es muy valiosa y cada alma humana es sagrada, motivo por el cual «solo se vive una vez» es una filosofía demasiado barata para que la creamos.

El mismo Jesús dijo: «Y no temáis a los que matan el cuerpo, mas el alma no pueden matar; temed más bien a aquel que puede destruir el alma y el cuerpo en el infierno» (Mateo 10.28).

Lo que él quiere decir es que morir no es lo peor que te puede pasar. Morir *después de morir* es lo peor que te puede pasar. La segunda muerte es muchísimo peor que la primera, infinitamente peor. Satanás hará lo que esté en su poder para impedir que pienses en eso.

Lo que hacemos en esta vida importa mucho más allá de una serie de provisiones materiales o de nuestro sentido del placer. No se trata de que hacer un número suficiente de buenas obras te ayude a evitar el infierno. Ese es otro falso evangelio que le gusta predicar al diablo. Y hay una gran cantidad de personas que hacen buenas obras solo para apoyar al ídolo de sí mismas. Esto es tanto una acumulación de ira para la eternidad como una vida de pecado exterior.

Todos vamos a morir. Nadie sale vivo de este mundo. Podrás morir con los músculos del abdomen bien definidos y una resistencia de maratonista, pero serás comida para los gusanos de todas formas. Y luego te arrodillarás ante un Dios santo que se levanta para juzgar lo que has hecho con tu vida. ¿La desperdiciaste concentrándote solo en ti, sin pensar lo que pasaría hasta este momento?

Él mirará lo bueno y lo malo, pero no habrá balanzas. Si vives bajo la premisa de que «solo Dios me puede juzgar», no te sorprendas cuando lo haga. Si te pasas la vida fijándote solo en tu propia existencia, sin confiar en aquel que *es* la Vida (Juan 14.6), ciertamente morirás.

La realidad es que la vida eterna que recibimos a través de la fe en Jesús es exactamente eso: eterna. Esto significa que hoy podemos vivir una vida con calidad eterna solo porque el Dios del universo vino encarnado a este mundo y, después de ascender al cielo, envió a su Espíritu para poner «eternidad en el corazón» de los seres humanos (Eclesiastés 3.11).

Al diablo ni siquiera le importa si eres religioso o no siempre y cuando no creas eso; por lo tanto, debemos rechazar su falso evangelio de que solo se vive esta vida. No debemos pensar solo en aprovechar el día, sino en el día a día aferrándonos a la eternidad.

AFÉRRATE A LA ETERNIDAD PARA
FASTIDIAR AL DIABLO

Hace un par de años atrás leí el libro *Remember Death* [Recuerda la muerte] de Matthew McCullough, pero casi me detengo en la introducción al leer estas líneas:

> En nuestro tiempo y espacio, la muerte no es algo en lo que pensemos muy seguido, si acaso pensamos en ella [...] Escribo para convencer a los que viven como inmortales de que en realidad no son inmortales [...] Escribo a aquellos para quienes la muerte se siente lejana e imaginaria, como algo que les ocurre a otros.[1]

¿Por qué casi dejé de leer? Porque esto no me describe. Pienso en la muerte todos los días. En el ministerio de mi pastorado más reciente, ayudé a enterrar santo tras santo, amigo tras amigo. Prediqué en innumerables funerales. Sostuve la mano de un amigo tras otro mientras daban su último respiro. La muerte se imponía sobre mí.

Pienso en mi muerte todos los días. No sé si es por el peso de la experiencia de mi ministerio, por el peso de mi propia personalidad melancólica, o simplemente por el peso de entrar en la mediana edad, pero no pasa ni un solo día sin que piense en cuándo me iré, cómo me iré y adónde iré.

McCullough dijo explícitamente que no había escrito ese libro para alguien como yo. No obstante, seguí leyendo. ¿Por qué? Porque no necesito simplemente recordar la muerte, sino mi vida. Seguí leyendo porque siempre tengo interés en las guías confiables hacia el horizonte de la eternidad. Me alegra haber continuado con la lectura, porque pude encontrar verdades valiosas como esta:

La gloria [no es] pasajera, sino eterna. No es vaporosa, sino densa. No es fragmentada ni fugaz, sino plena en gozo y para siempre. Porque de cualquier forma que sea la gloria, está definida por la presencia del mismísimo Dios, apartado del cual no hay nada bueno.[2]

¡Ah, pero nos asusta que no hayan cosas buenas por venir! O al menos nada bueno comparable con las cosas buenas que se pueden tener en este mundo. Sin embargo, más bien es lo exactamente opuesto. Los buenos placeres de este mundo son solo señales hacia la dicha mayor de los cielos. No se comparan con ella, y por lo tanto nunca deben reemplazarla. No me interesa lo delicioso que estuvo el plato de lentejas de Jacob; ¡aun así no valía la primogenitura! Como dijo John Piper: «La vida es demasiado corta, demasiado valiosa, demasiado dolorosa para desperdiciarla en burbujas mundanas que se revientan. El cielo es demasiado grandioso, el infierno es demasiado horrible, la eternidad es demasiado larga como para quedarnos holgazaneando en la entrada de la eternidad».[3]

¿Toda esa interminable acumulación de cosas? ¿Todo ese auto-determinismo? ¿Toda esa jerga de «solo se vive una vez», «sin remordimientos», «solo Dios me puede juzgar»? Esas son solo formas de holgazanear en la entrada de la eternidad. Citando a C. S. Lewis, es perder el tiempo en charcos de lodo, ignorando la playa que hay justo a la vuelta de la esquina.

El diablo quiere que te mantengas en la entrada. Su «evangelio» señalará todas las características arquitectónicas buenas, todo el espacio que tendrás para jugar. «Solo no le prestes atención a lo que está al otro lado de la puerta que se encuentra detrás de ti».

Tú y yo debemos fastidiarlo. Debemos recordar el juicio venidero, el juicio que importa. Debemos recordar la muerte, sí, pero también lo que viene después.

Desearía poder subirme a un máquina del tiempo y retroceder a una noche de 1993, impedirme a mí mismo subir al auto de Mike y entregarme una copia de *Remember Death* de McCullough. O solo mostrarme Eclesiastés. «No vas a vivir para siempre, amigo. Toma buenas decisiones. No seas idiota».

Probablemente no habría escuchado. Una razón por la que los idiotas son idiotas es porque casi siempre escuchan mensajes idiotas.

Así es que, de todas maneras, aprovecha al máximo el presente si solo te interesa pasarlo bien. Aférrate a la eternidad si te interesa vivir para siempre. También hay un lema para eso.

VIVE UNA VEZ Y MORIRÁS DOS VECES; VIVE DOS VECES Y MORIRÁS UNA VEZ

Un erudito religioso se acercó una vez a Jesús para preguntarle sobre el reino de Dios. Los eruditos religiosos tenían un enorme interés en las respuestas a las preguntas sobre «el reino de Dios». Habían establecido un montón de reglas y normativas relacionadas con cómo se podía entrar al reino y permanecer en él. Mucho tenía que ver con las acciones de las personas.

Jesús respondió al erudito: «El que no naciere de nuevo, no puede ver el reino de Dios» (Juan 3.3). Lo que dijo fue algo muy raro, e incluso el experto religioso no le encontró ni pies ni cabeza. Él quería saber cómo un hombre maduro podía volver al vientre de su madre y nacer de nuevo.

Puedes ser muy religioso, pero aun así caer en la mentira del diablo de que esta vida es lo único que importa.

Por supuesto, Jesús se refiere al segundo nacimiento, al nuevo nacimiento en él —o en otras palabras, a «vivir dos veces»— el cual ocurre cuando nos arrepentimos de nuestro pecado y creemos en las buenas noticias de su vida sin pecado, su muerte sacrificial y su gloriosa resurrección. Este nuevo nacimiento requiere la muerte de nuestro viejo yo y de todas sus antiguas maneras de buscar plenitud, belleza e ilustración fuera de Jesús. Este nuevo nacimiento requiere que «muramos a nosotros mismos», y como consecuencia encontremos nueva vida en él (Romanos 6.8; Gálatas 2.20; 2 Timoteo 2.11).

Vive una vez y morirás dos veces. Vive dos veces y morirás una vez. No, no es algo pegadizo como «solo se vive una vez». No estoy seguro de cómo tú lo simplificarías. Sin embargo, en lo que respecta a los clichés, «vive una vez y morirás dos veces; vive dos veces y morirás una vez» es muchísimo más bíblico que la alternativa.

Rechazar a Jesús es rechazar la vida real, porque él es vida. Decidir «vivir» sin él es decidir una muerte peor que la muerte: es elegir la segunda muerte, la muerte espiritual que viene después de la muerte física. La muerte espiritual es muchísimo peor. Sin embargo, elegir a Cristo en este lado de la muerte es tenerlo para siempre. Podrás morir físicamente, pero los que viven en Cristo viven para siempre. Tienen «vida eterna» (Juan 3.16).

Por lo tanto: vive una vez y morirás dos veces; vive dos veces y morirás una vez.

Igual que nosotros, los seguidores más cercanos de Jesús a menudo luchaban con estos conceptos. Del mismo modo que los eruditos religiosos, se habían acostumbrado a pensar en el reino como algo de aquí y ahora. Esto dio surgimiento a los revolucionarios fervorosos y los traidores permisivos. Durante toda la travesía del ministerio de Cristo, sus amigos esperaron en diversos momentos que Jesús comenzara violentamente a derrocar a los opresores y «establecerse» en Jerusalén. Esto incluso aparece como parte de las tentaciones del diablo contra él en el desierto (Mateo 4.6-9).

De modo que a lo largo del camino, Jesús reprende constantemente el enfoque en este mundo de sus discípulos. A veces lo hace amablemente y otras veces lo hace con dureza. No obstante, siempre lo lleva a cabo con amor, porque a diferencia de Satanás, él realmente ama a esas personas. Quiere lo mejor para ellas. En Marcos 8.36, Jesús les dijo: «Porque ¿qué aprovechará al hombre si ganare todo el mundo, y perdiere su alma?».

El enemigo quiere que respondamos «todo».

Sin embargo, Jesús quiere lo mejor para ti. Él sabe que vivir como si solo se viviera una vez es garantizar la muerte después de morir.

Debes nacer de nuevo. Porque si vives una vez, morirás dos veces. Pero si vives dos veces, morirás solo una vez. Y después de eso, la gloria eterna.

El fruto del ahora se ve bastante patético a la luz de la vida eterna.

Morir dos veces es la única manera de vivir para siempre. El diablo quiere que creamos que no moriremos. Si no lo logra, querrá que creamos que solo esta vida importa, que no hay nada más que esto. No obstante, es un mentiroso. Él desea que desperdiciemos esta vida, porque quiere que desperdiciemos lo que viene después. Como escribió C. S. Lewis en su recuento mítico *Mientras no tengamos rostro*: «Muere antes de morir. Después no hay oportunidad».[4]

Después de morir será muy tarde para cambiar de parecer. Será demasiado tarde para empezar a actuar como es debido. Por esto Salomón les dijo a los jóvenes que se acordaran de su Creador ahora, en los días de su juventud (Eclesiastés 12.1). No hay tiempo para retrasarse. ¡Recoge los capullos de rosas de la eternidad mientras puedas! Si todavía no lo has hecho, aférrate a la eternidad en este mismo instante.

DEBES VIVIR TU VERDAD

El espíritu vive en sí mismo, y en sí mismo
puede hacer un cielo del infierno, o un infierno del cielo.
—JOHN MILTON, *EL PARAÍSO PERDIDO.*

LA VERDAD ES CENTRADA. LA VERDAD ES ESTABILI-
zadora. La verdad clarifica. Esto es así si estamos dispuestos a renun-
ciar a nuestra devoción a la versión de la verdad que preferimos. Si
no, la verdad desorienta, perturba y confunde.

Si eres como yo, hay muchas mentiras que se han dicho de
ti. Has sufrido al oír las diferentes versiones de ti que otros han
presentado. En esos casos, has descubierto que decir la verdad no
parece ayudar.

En una ocasión, una persona de mi iglesia se puso de pie durante una reunión de negocios para anunciarles a todos que yo le había
dicho algo que en realidad nunca le dije. No sé de dónde sacó esa
versión de la verdad. Queriendo suponer lo mejor, lo atribuí a que

había escuchado mal o no había entendido bien. Sin embargo, no se trataba solo de que yo no dije lo que él aseguró que había dicho, sino de que *nunca diría* lo que él afirmó que dije. Sus palabras estaban tan lejos de la verdad que ni siquiera reflejaban algo que yo *podría* haber dicho.

En ese momento lo corregí. Dije la verdad.

«Bueno, eso fue lo que escuché», replicó, sorprendido de que yo aparentemente hubiera mentido frente a la iglesia.

Todo se transformó en un tema de «él dijo y yo dije». En cuanto a la iglesia, la verdad dependía de quién de nosotros dos era considerado más creíble, más confiable. Los límites se establecieron.

No era algo tan grave. Tenía que ver con la formación de una comisión. No obstante, él citó mi supuesta afirmación como una evidencia en contra de mi preocupación por la iglesia. Y el asunto se convirtió en algo más grande que la afirmación en cuestión. Ambos acordamos dejar todo a un lado —públicamente por lo menos— pero el daño ya estaba hecho.

Las personas creen lo que quieren creer. Y por eso la verdad es tan difícil de encontrar en estos días.

El actual presidente de Estados Unidos miente casi todos los días en su cuenta de Twitter. Muchos estadounidenses han llegado a aceptar esto como parte del contrato social que firmamos con nuestros políticos. Por supuesto, si el político en cuestión no es uno por el cual votaste ni uno que apoyas actualmente, resulta una violación ética y un pecado indignante contra el pueblo estadounidense. No obstante, si el político es de tu bando, lo consideras como el sacrificio que hay que hacer para conseguir ciertas metas políticas (o para impedir ciertas políticas del bando contrario).

Donald Trump no inventó la deshonestidad política, por supuesto. Esta es incluso más antigua que los carraspeos y tartamudeos de Clinton con respecto a lo que significaba la palabra «es».

Sin embargo, nuestros políticos y comentaristas modernos han convertido la deshonestidad en una forma de arte, incluso en un nuevo idioma, que se adapta al espíritu cada vez más autorreverencial de nuestra época.

Esto resulta algo extraño también, porque ahora más que nunca podemos acceder a los hechos, a los registros concretos de afirmaciones y sucesos. Casi todo lo que decimos y hacemos de alguna forma se transmite por Internet o queda impreso para la posteridad. ¿Esos viejos correos electrónicos? Te los van a descubrir. ¿Esos comentarios sin pensar que dijiste en una reunión de personal o fuera de micrófono durante una conferencia de prensa? Volverán a aparecer. Los que no están publicando todo lo que piensan están siendo grabados por todos los demás que quieren publicar lo que piensan.

Diseccionamos el contexto, los matices, las circunstancias, la entonación, la semántica, todo con el fin de acusarnos o exonerarnos a nosotros mismos o a los demás. Atrapan a una celebridad diciendo algo horrible sobre las minorías o las víctimas, y esta asevera que fue sacada de contexto. Frente a los hechos, afirma: «Ese no era el verdadero yo».

Hemos logrado avances extraordinarios en lo que respecta a tomarnos a la ligera la verdad.

Y al diablo le encanta eso.

LA VERDAD EXISTE

Han pasado unos veinte años desde el primer lanzamiento, tremendamente popular, del programa televisivo *Los expedientes secretos X*, pero los temas que abordaba siguen resonando. En la serie, dos agentes del FBI, Fox Mulder y Dana Scully, investigan denuncias de hechos paranormales que de alguna forma se remontan a una red interconectada de conspiraciones relacionadas con extraterrestres y ramas clandestinas del gobierno de Estados Unidos. Mulder y Scully representaban dos facetas de nuestra psique: él era el «verdadero creyente» en los extraterrestres y ella era la escéptica. En la pared de la oficina de Mulder se veía un afiche de un ovni que decía: «Quiero creer». Mientras Scully, en cada investigación, declaraba de muchas formas distintas: «Muéstrame los hechos».

Mientras más profundizaban, más compleja parecía volverse la conspiración... y más enrevesada para los televidentes como yo. Aun así seguían adelante, el interés ingenuo y el escrutinio cerrado trabajando lado a lado para finalmente llegar al fondo de la verdad. Al final de la serie y a través de un par de películas de cine y reestrenos en formato de miniserie de televisión, Mulder y Scully cambian de roles. El que creía a pie juntillas se ha endurecido y ha envejecido, volviéndose cada vez más como un escéptico. Se sentía cansado de buscar. La escéptica, por su parte, había abierto cada vez más su mente debido a las cosas que había visto. Ella se convirtió en una persona más abierta, más «religiosa».

Estoy convencido de que hoy esta dinámica se desarrolla en la fascinación actual por el género policial investigativo. En los documentales de Internet, en los noticieros investigativos, en los pódcast periodísticos, se exploran «casos sin resolver» y desapariciones desconcertantes con un nivel de obsesión cada vez mayor.

Algo hay en el misterio que nos hace sentir atraídos. Alguien tiene que saber alguna cosa al respecto. Los hechos tienen que conducir a algo.

Confieso que casi todos los días hago búsquedas de tres crímenes sin resolver que me han afectado a mí particularmente. Se ha vuelto rutina buscar cualquier noticia o avance acerca de dos casos de asesinato y una desaparición. Es posible que no te sientas tan atraído, pero probablemente hayas visto *Fabricando un asesino* o *The Staircase* [La escalera] en Netflix. O has hecho clic en otro enlace más sobre el asesinato de JonBenet Ramsey, o los misterios del asesino del Zodiaco, o D. B. Cooper, el secuestrador del Boeing 727 de 1971.

Hay algo en la búsqueda en sí que resulta satisfactorio. ¿Por qué? Porque sabemos que la verdad existe y creemos que encontrarla vale la pena a pesar de los engaños del día a día que aceptamos como parte de vivir en este mundo moderno. Está en juego la justicia.

El mundo religioso en el que Jesús entró se había vuelto caótico debido a las afirmaciones fácticas. El Imperio romano, por supuesto, operó basado en un tipo de filosofía razonable, pero seguía manteniendo un lazo con la religión politeísta sentimental de adoración al emperador. Contra este telón del dominio romano, los judíos se encontraban fragmentados en diferentes grupos que eran igualmente devotos a su verdad.

Los esenios se habían retirado al desierto para dedicarse a una forma gnóstica del judaísmo. Los zelotes eran los antagonistas justicieros de esos días, que provocaban rebeliones esporádicas por aquí y por allá, pensando que la violencia era la mejor forma de coaccionar la justicia en la tierra. Los saduceos, como muchos otros eruditos religiosos de hoy con estrellas políticas en los ojos, se vendieron al sistema abandonando la antigua verdad por la nueva verdad que daba acceso al poder y la comodidad. Los fariseos parecían ser la resistencia solitaria, «los verdaderos creyentes» que no estaban dispuestos a ceder y se encontraban completamente comprometidos con las sendas antiguas sin importar qué.

De todas las facciones, los fariseos eran, de cierta manera, los más cercanos a la verdad. Al menos, eran los que tenían las narices más cerca de los hechos. Sin embargo, hay algo verdadero hoy que fue igual de verdadero hace dos mil años: no hay hecho que pueda convencer a alguien que está comprometido a no creer.

En la segunda mitad de Juan 8, puedes ver cómo se va desarrollando esta reticencia a creer. Ahí es donde encontramos la frase ahora legendaria: «Y conoceréis la verdad, y la verdad os hará libres» (v. 32). Esas son palabras de Jesús, y si bien se han incorporado al uso moderno para aplicarlas a todo tipo de búsquedas de la verdad, Jesús se refería a creer en él como Señor del mundo y Salvador de los pecadores.

El pasaje comienza identificando las palabras de Jesús como presentadas a aquellos que creen en él (v. 31), pero los que no creen interrumpen, diciendo: «Ya somos libres».

Lo que subsigue es una lucha entre dos versiones de la verdad. Para cada palabra de Jesús, estos sujetos tienen un contrapunto. Citan los hechos como ellos los ven. «No somos esclavos. Somos descendientes de Abraham. Tenemos un solo Padre».

Sin embargo, justo frente a ellos, está el Hecho supremo, el Hijo de Dios encarnado. Él es la encarnación viviente de la Verdad. Y desmantela la interpretación de ellos punto por punto para finalmente atribuir su falta de fe a una influencia satánica:

> Jesús entonces les dijo: Si vuestro padre fuese Dios, ciertamente
> me amaríais; porque yo de Dios he salido, y he venido; pues
> no he venido de mí mismo, sino que él me envió. ¿Por qué no
> entendéis mi lenguaje? Porque no podéis escuchar mi palabra.
> Vosotros sois de vuestro padre el diablo, y los deseos de vuestro
> padre queréis hacer. Él ha sido homicida desde el principio, y
> no ha permanecido en la verdad, porque no hay verdad en él.
> Cuando habla mentira, de suyo habla; porque es mentiroso, y
> padre de mentira. Y a mí, porque digo la verdad, no me creéis.
> ¿Quién de vosotros me redarguye de pecado? Pues si digo la
> verdad, ¿por qué vosotros no me creéis? El que es de Dios, las
> palabras de Dios oye; por esto no las oís vosotros, porque no
> sois de Dios. (Juan 8.42-47)

Con seguridad, estas son palabras muy duras; y los opositores de Jesús respondieron con una de las tácticas más antiguas de la vieja escuela, afirmando básicamente: «Sé que tú lo eres, ¿pero que nosotros lo somos?». En serio. Después de que Jesús atribuye la falta de fe de ellos a la influencia demoníaca, en el versículo 48 responden diciendo básicamente: «¿No eres *tú* el endemoniado?».

Jesús redobla el ataque, negando la versión de la verdad de ellos y reiterando esto. «De cierto, de cierto os digo…» (v. 51).

Como podrás esperar, esto aún no los convence. Ellos también redoblan el ataque. «Ahora conocemos que tienes demonio» (v. 52).

El riesgo que ambas partes corren es grande. Y ahora lo es mucho más. No se trata simplemente de una rencilla religiosa entre un rabí engreído y políticos de la vieja guardia. No se trata de dos tribus provocándose entre ellas por Twitter. Son el bien y el mal poniéndose en guardia para luchar; es la vida eterna y la muerte.

Jesús interpreta los hechos por ellos. Los hechos que estos hombres afirman conocer. ¡Está haciendo resplandecer su luz sobre ellos, mostrándoles que él es la solución del misterio! Es más, él es la plenitud del anhelo que ellos sienten. Es el ápice de la hermosa gloria que ellos buscan. Es la llegada de la ilustración que ellos dicen ya tener. Y con la verdad parada justo en frente de ellos, esquivando los puntos del debate cual Neo esquiva las balas en *Matrix*, se negaron a creer. Así es que les lanza una bomba:

«De cierto, de cierto os digo: Antes que Abraham fuese, yo soy» (v. 58).

Fue como un cortocircuito para ellos. Se quedaron sin palabras. Se había metido no solo con la versión de los hechos que ellos tenían, sino con el mismo sentido de conocerla. Jesús acaba de irrumpir el continuo del espacio-tiempo. Habiendo perdido la batalla por la verdad, tomaron piedras del suelo para matarlo

(v. 59). No obstante, de alguna forma, misteriosamente, Jesús desaparece entre ellos.

La verdad existe.

EL PADRE DE MENTIRA ES UN
MAESTRO DE LA DESVIACIÓN

En el capítulo anterior argumenté que una de las tácticas iniciales del diablo es mantenernos sumidos en la idiotez. Sin embargo, lo que resulta particularmente insidioso de esta estratagema es que el tipo de idiotez que el diablo quiere para nosotros en realidad no tiene nada que ver con el intelecto. «Dice el necio en su corazón: "No hay Dios"» (Salmos 14.1; 53.1). Claramente, el tipo de necedad bíblica no es igual a la falta de inteligencia, pues probablemente tú y yo conozcamos a un montón de ateos inteligentes y a no creyentes de todos los tipos.

No, los ateos no son siempre necios en su mente, sino más bien necios *en su corazón*. Y no son simplemente aquellos que intelectualmente descartan la existencia de Dios los que llevan este tipo de necedad atea en sus corazones. Cuando nos involucramos en el tipo de necedad bíblica —eligiendo el pecado por sobre la obediencia— nos involucramos en un tipo de ateísmo práctico. Le entregamos nuestro corazón a alguien o algo más. Decimos en nuestro corazón que no hay Dios digno de nuestra lealtad, que no hay Dios digno de la gloria que le negamos, que no hay Dios frente al cual rendiremos cuenta. Los problemas de conducta son problemas de fe.

Así que las justificaciones que damos por nosotros y nuestros pecados son por lo general bastante sofisticadas o, al menos, bastante prolijas. Nos hemos convencido a nosotros mismos de que tenemos la razón a pesar de que las palabras de Dios dicen lo contrario. Otros las han interpretado mal. Tenemos los hechos reales. Tales palabras no se aplican a nosotros ni a esta circunstancia específica. Somos la excepción cualquiera sea la razón. Tenemos que vivir «nuestra verdad».

Pablo le dijo a Timoteo que las personas que creen de esta manera no tienen un verdadero conocimiento de la verdad (2 Timoteo 2.25) y necesitan entrar en razón (v. 26, NTV). La última frase es un aviso de cuán embriagados podemos estar con nuestro propio intelecto y continuar siendo ignorantes de nuestra ignorancia. Pablo no tiene ningún problema en atribuir esta forma de vivir insensata a «la trampa del diablo» (v. 26, NTV).

La trampa es sutil. Lo que Satanás sigue haciendo hoy es lo que originalmente hizo en el jardín: colocar una versión de hechos rivales en el lugar de lo real. Cada decisión pecaminosa que tú y yo tomamos comienza con la pregunta satánica: «¿Conque Dios os ha dicho...?».

Satanás ha venido con su propia interpretación de los hechos. «No morirás. Te parecerás a Dios. Conocerás cosas nuevas y verás como él».

Estas mentiras atrajeron a Adán y Eva, según recordamos, porque ellos se desviaron de la realidad. Satanás no es solo un maestro del engaño, sino también un maestro de la desviación. Él no te dice directamente que desobedezcas. No, él te distrae. Pone reparos. Redirecciona. «¿Y si haces esto en cambio?», sugiere. «¿Qué tal esto? ¿Lo has considerado desde este punto de vista? ¿Y si lo haces *así* o mejor *de esta forma*?». Él hace ver la trampa como un campo interminable de posibilidades, una clase de zona de recreo que, según sugiere, Dios quiere negarte.

No te equivoques. Lo que el diablo persigue es tu lealtad a él mediante tu lealtad a ti mismo, pero rara vez comienza con eso. Más bien comienza con redefinir tu relación con Dios. Dietrich Bonheoffer describe el pecado original de la humanidad como «ir por detrás de la Palabra de Dios dada y procurar el propio conocimiento de Dios».[1]

En Mateo 16.23, Jesús le llamó «Satanás» a Pedro, no porque Pedro hubiera renunciado directamente a la lealtad a su Maestro, sino porque hizo que su falta de fe (en la crucifixión y la resurrección de Cristo) pareciera ser una *preocupación* por él. Piensa en las duras palabras que Jesús le dijo a su familia y declaró sobre ella después de que lo habían tratado como alguien loco o imprudente. Piensa en las duras palabras que les dijo a sus discípulos cuando sugirieron que la autoprotección o la realización personal era el tema principal. «Eres un obstáculo para mí, porque no estás pensando en las cosas de Dios, sino en las de los hombres», continuó diciéndole Jesús a Pedro. En otras palabras: «Quieres que crea que esto se trata de tu relación conmigo, pero realmente se trata de tu preocupación por ti».

Pedro se estaba desviando. No obstante, la verdad nos devuelve al centro.

Una forma en que el diablo nos desvía de la verdad es apelando a nuestro sentido de la virtud, la rectitud o la justicia. La verdad a veces se siente fría, dura. Anhelamos la verdad, pero a veces ella nos condena o simplemente demuestra estar demasiado orientada hacia otros.

Resulta interesante ver que en 2 Corintios 2.10-11, Pablo se refirió a la falta de perdón como una maquinación de Satanás. El diablo sabe que perdonarnos mutuamente magnifica a Dios, que es lo que Satanás más odia, por lo que él apela a nuestro sentido de la justicia. «¿Vas a dejar a esa persona sin castigo? No se merece que la perdonen. ¿Después de lo que ha hecho? Seguirá haciéndolo, porque le estás dando permiso. Está bien, adelante, déjate pisotear. Mira hasta dónde te lleva eso».

Tiene sentido. La gente se aprovecha de las personas que perdonan. Sin embargo, cuando las personas no perdonan, según dijo Pablo en el versículo 11, ¡Satanás gana ventaja sobre ellas!

Así que ahí estamos sumamente agraviados. Nos han tratado injustamente. Estamos heridos. Queremos que se enmienden las cosas. Queremos justicia. Y el diablo viene a infectar nuestras heridas, a ofrecernos sorbos de su infusión amarga. Insta a la frialdad, la dureza, la venganza. «Lo que es justo es justo».

Él trata de replantear la ley de Dios para sus propios fines, para hacerse dios indirectamente a través de ti.

Sin embargo, el Señor dice: «Mía es la venganza; yo pagaré». El Señor dice: «Todos ustedes han pecado, por lo tanto, todos deben perdonar. Si la deuda ha sido pagada por Cristo en la cruz, ¿qué haces queriendo conseguir un pago mayor? ¿Es la cruz de Cristo tan barata para ti?».[2]

Es así de barata para Satanás. Él quiere que apartes los ojos de la cruz, porque donde tu pecado y el mío han sido vencidos, él también.

LA VERDAD ES RELATIVA

Mi amiga Gretchen había caído presa de esta mentira de Satanás: «Tú vales esta decisión. Fuiste hecha para vivir así. Con esto, solo reafirmas cómo Dios te diseñó». En el lenguaje de nuestro tiempo, ella había decidido vivir «su verdad».

No sé qué filósofo famoso fue el primero en hacer uso de este cliché. Sé que ha sido muy empleado por Oprah Winfrey. Busca «esta es mi verdad» o «viviré mi verdad» en las redes sociales y encontrarás literalmente miles de ejemplos, y estas son solo dos variaciones entre cientos que están disponibles.

Lo cierto es que no existen tales cosas como «tu verdad» y «mi verdad». Solo existe *la* verdad. Lo que queremos dar a entender cuando decimos «Solo debo vivir mi verdad» es que no nos importan los hechos como Dios los ve; solo nos importan los hechos como *nosotros* los vemos. Hay un libro bíblico que habla básicamente de este concepto: «Todos hacen lo que es correcto a sus propios ojos». Se llama Jueces y está lleno de derramamiento de sangre y perversión. El caos moral y relacional es el resultado natural de que todos vivan «su propia verdad».

Ahora bien, Gretchen no está de acuerdo con eso. Su verdad habla diferente. Su verdad dice que todo estará mejor ahora porque finalmente ha decidido dejar de vivir la verdad de los demás para vivir la suya propia. Sin embargo, como dijimos en un capítulo anterior, esta forma de vida también supone que solo se vive una vez. Supongamos que a ella le va bien en todo en los días y años que vienen. Supongamos que es más feliz. Supongamos que encuentra personas que comparten «su verdad», personas para quienes lo que Dios dice no afecta mucho su forma de vida, porque las palabras de él parecen mucho más sofocantes que la libertad que ofrece su propia verdad. Luego supongamos que llegan al final de una vida muy larga y feliz y que deben enfrentarse al autor de la verdad, quien desea saber por qué cambiaron la eternidad por algo insignificante comparativamente hablando.

La verdad, en última instancia, no se podrá evitar.

Entonces, ¿por qué lo hacemos?

Primero, decidimos vivir «nuestra verdad» en lugar de *la* verdad porque emocionalmente tiene más sentido para nosotros. La verdad no parece gratificante inmediatamente. En efecto, nos pide negarnos a nosotros mismos y depositar nuestra fe en una Realidad invisible. Nuestra verdad nos insta a aprovechar el día, a hacer realidad nuestras esperanzas ahora mismo. Razonamos que lo merecemos, y esto nos hace sentir bien, pero no pensar bien.

Segundo, decidimos vivir «nuestra verdad» en lugar de la verdad porque la verdad está horriblemente pasada de moda. Todas las personas aprobadas popularmente viven «su verdad». Son los chapados a la antigua los que siguen insistiendo en que la verdad es lo genuino. ¿Quién quiere estar excluido de los populares?

Esto aplica incluso a las personas que se han alejado de las comunidades que siempre han conocido con el fin de vivir «su verdad». Muchos de los que huyen de la iglesia evangélica mencionan el costo que vivir su verdad ha tenido para ellos. Una destacada autora y conferencista que antes era evangélica y que ahora reafirma la homosexualidad y el matrimonio entre personas del mismo sexo tiende a mencionar el número de cristianos que hoy la critican y las charlas que ha perdido. Veo que tiene una casa grande, un pódcast popular y un libro *best seller* en los estantes de Target, y de alguna manera no me logro convencer de que haya perdido lo que al final era más importante para ella.

Esta cuestión de «vivir tu verdad» es parte del credo moderno de los posevangélicos o «evangélicos progresistas». Sin embargo, no se trata solo de liberales que reafirman pecados populares en nombre de la realización personal. También se trata de conservadores que reafirman pecados políticos en nombre de la exaltación de ellos mismos.

Imagina la siguiente conversación en el pasillo de una iglesia evangélica conservadora en noviembre de 1992:

Votante interesado: No sé. No puedo creer que el pueblo estadounidense haya elegido a este hombre.

Votante desinteresado: No te preocupes. Es un líder natural.

VI: Sí, pero algunas de las cosas que él representa, algunas de las cosas que dice, van en contra del camino de Jesús.

VD: Él conoce a su audiencia, eso es todo. Dice que es cristiano. Con eso basta para mí.

VI: ¿Pero realmente vive lo que dice creer? Muchos comentan que es un mujeriego. O peor.

VD: ¿Quiénes somos nosotros para juzgar? Mira, Dios
puede usar a cualquiera. Piensa en el rey David. Él
también fue adúltero.

¡Y eso es todo!

Como dije, tienes que usar la imaginación para el escenario anterior, porque no puedo suponer que realmente eso ocurrió en algún
pasillo de una iglesia conservadora de principios de la década de los
noventa. No, los evangélicos se opusieron casi por completo al presidente electo Bill Clinton ese año y todos los años posteriores. Lo hicieron en gran medida por su programa político, pero también por su
cuestionable carácter. En efecto, escuchamos *muchísimo* de su carácter.
Todavía lo hacemos, en realidad. Los evangélicos con opinión política
se preocupan mucho por el carácter. Excepto cuando no lo hacen.

Soy un niño de los años setenta y ochenta. Crecí en el apogeo del
reaganismo y el surgimiento de la mayoría moral, el derecho religioso, etc. Recuerdo el domingo en que Oliver North vino a «predicar»
en nuestra iglesia. Todavía tengo la edición de tapa dura de su libro
que me firmó, aunque no recuerdo nada de lo que dijo en el púlpito.
No creo que me equivoque al sugerir que no fue una exposición
bíblica que exaltara a Cristo. Recuerdo haberme preguntado por qué
estaba hablando como un patriota cuando su patriotismo parecía
aplicarse en algún tipo de escándalo.

No recuerdo haber visto a alguna iglesia en la que crecí excedién-
dose en el fervor nacionalista, ni siquiera durante los años más fríos
de las últimas etapas de la Guerra Fría. El patriotismo simplemente
estaba en un segundo plano, como la bandera que se pone al costa-
do de tantos altares en las iglesias. No obstante, luego el evangelio
también pasó a un segundo plano en cierta medida.

Sin embargo, una cosa que *sí* recuerdo de nuestros predicadores y
maestros de la escuela dominical es cuando nos decían lo importante

que era ser una buena persona. La reputación, la integridad y el carácter eran nuestra moneda de cambio. Esta advertencia se expresó en una variedad de contextos y con una variedad de aplicaciones. Fue particularmente enfatizada durante temporadas de elecciones llenas de ansiedad, pero fue una lección constante de nuestros mayores, para quienes la integridad personal significaba muchísimo.

Se nos enseñó sobre la importancia de la cosmovisión cristiana, en oposición al posmodernismo y otros males filosóficos. Nuestros maestros nos advirtieron celosamente en contra del relativismo moral, la ética situacional y la hipocresía.

Una de esas películas del tipo de *Lo que quedó atrás* a finales de la década de los setenta me hizo entrar en el reino con temor. Nada podía ser más importante que defender la verdad, incluso frente a la persecución del Anticristo.

Asistimos al evento See You at the Pole [Nos vemos en el mástil], donde los estudiantes evangélicos se reunían aparentemente para orar por el país, pero también, sinceramente, para darles muestras de desprecio a todos esos humanistas mundanos que querían quitarnos nuestro derecho a orar en las escuelas.

Nos devorábamos los libros de apologética como hostias de comunión, y estábamos bien nutridos. Lo que aprendimos fue a debatir, a arrinconar a nuestros oponentes en sus esquinas intelectualmente vacías, derrotándolos con nuestra fortaleza y congruencia teístas.

Sin embargo, luego algo sucedió. La verdad dura e inmutable se convirtió en una aplicación circunstancial. La búsqueda de la relevancia tomó el control de todo. La búsqueda de la influencia, del poder, se volvió más brutal. Las mismas figuras que habían denunciado a Bill Clinton por su falta de aptitud moral consideraron, de un momento a otro, que el relativismo moral era una estrategia viable para defender a un republicano tan poco calificado como él. Se le preguntó a un portavoz cristiano si había algo que el presidente pudiera hacer para poner en peligro el apoyo de los líderes evangélicos, y él respondió rotundamente: «No».[3]

Otro predilecto de los evangélicos, en un período previo a elecciones, dijo: «A veces tienes que poner tus valores cristianos en pausa para hacer lo que hay que hacer».[4]

Esta es una forma de pensar peligrosa.

Cuando el poder se convierte en tu dios, harás toda la gimnasia bíblica que sea necesaria para conseguirlo y conservarlo.

Todos tienen su propia «verdad» sentada en la zanja del camino que lleva hacia la verdad real, y el maestro de la desviación estará encantado de ayudarte a racionalizar tu camino hacia ella.

En 2 Timoteo 4.3, Pablo escribe: «Porque vendrá tiempo cuando no sufrirán la sana doctrina, sino que teniendo comezón de oír, se amontonarán maestros conforme a sus propias concupiscencias».

Suponemos que esto solo se refiere a una herejía rotunda, al relativismo moral de aquellos que están «en el mundo». No obstante, se aplica a todo tipo de búsqueda relativista de la verdad. El evangélico políticamente idólatra que desestima las mentiras o la inmoralidad del presidente tiene la misma comezón de oír que el evangelista televisivo que habla de salud y riqueza e intenta convertir las promesas del evangelio en oro literal.

En este modo, lo de abajo se convierte en lo de arriba si lo creemos así. La izquierda se convierte en derecha, y viceversa. Invertimos lo que Dios ha dicho que es correcto basándonos en lo que nosotros creemos que es correcto. Es como el demonio de Milton que dice: «Tú, ¡oh mal!, serás todo mi bien en lo sucesivo».[5]

Ahora que tuve la oportunidad de hacer enojar a todo el mundo, voy a insistir en algo en lo que espero que todos podamos estar de acuerdo: la verdad real no es relativa. No depende de nuestros deseos ni de nuestros sentimientos, ni siquiera de nuestra comprensión intelectual de estos. La verdad no cambia en función de quién está en el cargo ni de ninguna cosa que nos parezca elevada o conveniente.

Es angustiante que los cristianos profesos estén adoptando el tipo de relativismo moral que tiene más en común con las técnicas retóricas de los opositores al cristianismo. En la era moderna, los escépticos han discutido de esta manera durante décadas, como si las demandas del progreso hubieran hecho que las afirmaciones verdaderas de la fe histórica fueran irrelevantes, supersticiones obsoletas.

Considera las palabras de G. K. Chesterton:

Se nos dice que algún dogma fue creíble en el siglo doce e increíble en el veinte. Lo mismo sería decir que cierta filosofía puede ser creída el lunes, pero no puede ser creída el viernes. Lo mismo sería decir que un aspecto del cosmos era conveniente hasta las tres y media, pero inconveniente hasta las cuatro y media. Lo que puede creer un hombre depende de su filosofía y no del reloj o el siglo.[6]

Podríamos agregar que tampoco depende de los intereses, oportunidades y circunstancias.

La verdad es que tu verdad es relativa. *La* verdad no lo es.

Si Dios ha dicho que algo es verdad, es verdad. Él no cambia de parecer (Números 23.19). Debemos transmitir lo que hemos recibido (1 Corintios 11.23; 15.3). No se nos permite cambiarlo, torcerlo, desviarlo ni tampoco aplicarlo incorrectamente.

A un nivel, esto es de gran ayuda, porque no nos sentimos confundidos frente a lo que Dios ha dicho ni a lo que debemos hacer con eso. La Biblia puede ser un libro difícil, pero es mayormente difícil porque a los corazones duros y las mentes invertidas les resulta difícil creer y obedecer. En las cosas que más importan, no es difícil de entender.

Cuando comenzamos a falsificar las afirmaciones absolutamente verdaderas de la Biblia, encontramos que hemos sucumbido a la ponderación del diablo de nuestros sentimientos y apetitos como algo más grande que los estándares inmutables de Dios. Sin embargo, caminar por fe en el Dios que no cambia (Santiago 1.17) significa, en parte, confiar en que lo que es verdadero es mejor, incluso para nosotros, incluso si no podemos imaginar cómo. La poeta y autora Jackie Hill Perry lo expresó así:

> Dado que Dios, por naturaleza, es santo y completamente bueno, aun sus más severos mandatos valen tu obediencia. O para decirlo de otra manera, si Dios es tan bueno como él dice que es, entonces cada mandamiento es bueno PARA ti, incluso si no te hace sentir bien.[7]

Creo que el Sermón del Monte es la parte más aterradora de las Escrituras, principalmente porque al leerlo, empiezo a pensar en todas las formas en que no se aplica a mí. Inmediatamente me vienen a la mente todas las situaciones en las que no aplica «poner la otra mejilla». Pienso en las circunstancias en las que «ir dos millas» podría no ser lo correcto, donde «dar a los que te piden» no significa lo que realmente dice. Quiero que los mandamientos del reino de Jesús se adapten a mis suposiciones cómodas e interpretaciones convenientes. Y en el minuto en que empezamos a hacer esto, es en el minuto en que comenzamos a hacernos eco de lo que dijo la serpiente: ¿Conque Dios os ha dicho...?

Como mencioné, es peligroso.

No obstante, conocer a Dios significa conocer que es veraz. Es por eso que la serpiente comenzó con esa semilla de duda acerca de si Dios realmente dijo lo que realmente había dicho. Satanás quería que Eva considerara si ella conocía o no a Dios y su verdad como creía conocerlo, con el fin de cambiar la certeza de las palabras de Dios por la relatividad de sus apetitos.

En aquel entonces, como ahora, el único antídoto para nuestro relativismo moral son las palabras que Dios realmente declaró.

LA VERDAD ES LO QUE DIOS «REALMENTE DIJO»

«Yo anuncio el fin desde el principio», dijo Dios (Isaías 46.10, NVI). Si bien él se refiere más inmediatamente a su predestinación soberana sobre todas las cosas que suceden, podemos encontrar un punto de referencia para comprender la estabilidad y la coherencia de lo que Dios declara.

Últimamente se ha debatido sobre la continuidad —y la discontinuidad— entre el Antiguo Testamento y el Nuevo Testamento. ¿No dijo Dios algo en el Antiguo que no haya dicho en el Nuevo? ¿Hay algunas leyes que ya no son obligatorias?

De cierta manera, sí, pero no tenemos que resolverlo por nuestra cuenta. Algunos notarán que el mismo Antiguo Testamento que prohíbe la homosexualidad también prohíbe comer mariscos. Notamos luego que en el Nuevo Testamento, Dios declara todos los alimentos limpios (Marcos 7.19; Hechos 10.9-15), mientras mantiene su prohibición de la homosexualidad (y todos los demás pecados sexuales). Si bien puede que no sea posible hacer demarcaciones claras entre la ley moral y la llamada ley ceremonial (o ritual), aunque todas las leyes de Dios son leyes morales, parece existir una diferencia entre las normas dadas a un pueblo en particular para un tiempo específico y las normas dadas a todas las personas para todo momento.

El punto es que no tenemos que imaginarnos cuál es cuál. El Nuevo Testamento nos ayuda a comprender y aplicar el Antiguo, y se nos dice qué leyes aplican para nosotros y cuáles no. El problema no es realmente lo que no entendemos acerca de las leyes de Dios; ¡nuestro verdadero problema es lo que *sí* entendemos de ellas! Sabemos lo que dijo, pero deseamos que no lo hubiera dicho, no a nosotros por lo menos.

Es por eso que hemos creado todos esos tecnicismos y salvedades sobre las leyes de Dios. No se trata de hermenéutica. Se trata de desobediencia. Esta es la razón por la cual los defensores del derecho al aborto rara vez hablan de la ciencia biológica de la personalidad y más bien hablan de las libertades personales y la autonomía, de los «derechos».

Toda la empresa de la orientación personal erosiona los límites de la responsabilidad y las delimitaciones claras de la verdad universal. Mientras más y más nos adentramos en nuestro propio sentido de la experiencia y la percepción, más comenzamos a cuestionarnos si hay realmente una verdad en absoluto. Existe «mi verdad» y existe «tu verdad», pero es posible que las dos nunca se encuentren.

Mientras Pilato se lava las manos de la manera cobarde en que estaba tomando una decisión al permitir que otros decidieran, también se lava las manos de su obligación de hacer lo correcto.

> Le dijo entonces Pilato: ¿Luego, eres tú rey?
> Respondió Jesús: Tú dices que yo soy rey. Yo para esto he nacido, y para esto he venido al mundo, para dar testimonio a la verdad. Todo aquel que es de la verdad, oye mi voz.
> Le dijo Pilato: ¿Qué es la verdad? (Juan 18.37-38)

Jesús dice intencionadamente que las personas interesadas en la verdad son las que lo oyen. Pilato esquiva las afirmaciones directas de la verdad de su prisionero con la misma epistemología blanda que rige hoy.

Si no puedes ganar una discusión bajo tus propios términos, cambia los términos. O, mejor aún: «¿Cuáles son los términos realmente? ¿Cuál es el punto de tenerlos? Tal vez "término" ni siquiera sea una palabra real».

El intento de redefinir la realidad para adaptarla a nosotros mismos es lo que explica por qué hemos llegado al caos sexual de hoy. Es así como, en nombre de los «derechos de las mujeres», hemos llegado a la matanza generalizada de más de trescientas cincuenta mil niñas pequeñas cada año debido al aborto. Es así como hemos protegido tenazmente (y con razón) la inocencia de los niños en lo que respecta a su incapacidad para consentir a las relaciones sexuales y, sin embargo, hemos razonado que cuentan con la suficiente madurez física y emocional como para someterse a operaciones de cambio de sexo o tomar hormonas para «cambiar» su género.

Si no podemos acostumbrarnos a lo que sabemos que es verdad, nos meteremos con la naturaleza del conocimiento mismo.

Conocer lo que Dios realmente dijo es la única forma de salir de este desastre. Es por eso que Jesús señaló: «Todo aquel que es de la verdad, oye mi voz». Y es por eso que, en la victoria de Cristo al resistir la tentación en el desierto, encontramos la redención instructiva de la rendición de Eva a la tentación de la serpiente en el jardín.

Recuerda, el diablo comienza con la naturaleza del conocimiento de Dios, sembrando una semilla de duda. «¿Conque Dios os ha dicho...?».

Eva responde con lo que ella recuerda que Dios había dicho, o al menos con lo que ella cree que Dios quiso decir: «Del fruto de los árboles del huerto podemos comer; pero del fruto del árbol que está en medio del huerto dijo Dios: No comeréis de él, ni le tocaréis, para que no muráis» (Génesis 3.2-3).

El diablo responde, ofreciéndole a Eva una verdad alternativa. Es su verdad. Él le sugiere hacerla propia. Entonces Eva cae.

No así Jesús.

Anteriormente, señalé cómo la triple tentación de Eva (y Adán) en Génesis 3 refleja la triple tentación de Jesús en el desierto. Diré más sobre este importante paralelismo en nuestro capítulo final. Sin embargo, por ahora nota la diferencia entre la respuesta de Eva y la de Cristo. Fíjate en cómo después de la primera desviación satánica de lo que Eva había percibido que Dios realmente dijo, ella se queda sin lo que Dios había dicho en realidad. Ella tampoco recuerda nada sobre experimentar satisfacción, belleza e ilustración en su Creador o no le importa mencionarlo. Jesús, por otro lado, devuelve cada susurro serpentino con un grito de doctrina.

> Y vino a él el tentador, y le dijo: Si eres Hijo de Dios, di que estas piedras se conviertan en pan. Él respondió y dijo: Escrito está: No sólo de pan vivirá el hombre, sino de toda palabra que sale de la boca de Dios. Entonces el diablo le llevó a la santa ciudad, y le puso sobre el pináculo del templo, y le dijo: Si eres Hijo de Dios, échate abajo; porque escrito está:
>
> > A sus ángeles mandará acerca de ti,
> > En sus manos te sostendrán,
> > Para que no tropieces con tu pie en piedra.
>
> Jesús le dijo: Escrito está también: No tentarás al Señor tu Dios. Otra vez le llevó el diablo a un monte muy alto, y le mostró todos los reinos del mundo y la gloria de ellos, y le dijo: Todo esto te daré, si postrado me adorares. Entonces Jesús le dijo: Vete, Satanás, porque escrito está: Al Señor tu Dios adorarás, y a él sólo servirás. (Mateo 4.3-10)

El diablo incluso recurrirá a torcer las palabras de las Escrituras para alejarte de la verdad. Sin embargo, Jesús sabe lo que Dios *realmente* dijo. Ante el llamado satánico a las versiones idólatras y sin fe de la plenitud, la belleza y la ilustración, Jesús estaba lleno de pasajes bíblicos en respuesta.

Eva, por su parte, se quedó sin pasajes bíblicos.

La verdad existe. Se puede alcanzar. Las personas que son de la verdad escuchan la voz de la verdad. No importa lo que está de moda creer, lo que es conveniente creer, lo que incluso *parece razonable* creer: si desafía lo que Dios realmente dijo, no es cierto. Y si no es cierto, no hay que creerlo.

LO QUE SIENTES ES
LA REALIDAD

Pegué un golpe en la mesa y grité:
«¡Basta, me iré muy lejos!
¿He de suspirar siempre y sufrir?».
—GEORGE HERBERT, *«THE COLLAR»*

EN UN PUNTO DE MI VIDA ME ENCONTRABA ESTANCADO entre los altibajos de la depresión. Conozco bien la sensación de no sentir nada, así como también la de sentir demasiado. Sé cómo es sentirse como un manojo de nervios que camina y como un bulto entumecido al mismo tiempo. Es una existencia desconcertante y desorientadora, razón por la cual la mayoría de las personas deprimidas no logra encontrar la motivación y la energía para hacer mucho más que existir.

¿Qué tan extremos eran mis altibajos? Recuerdo estar observando a mis hijas en casa cuando ellas tenían tres y cinco años probablemente. No me acuerdo de lo que sucedió, pero recuerdo a nuestra pequeña de tres gritando llena de rabia por algo que había hecho la de cinco. No estaba herida, por lo menos no físicamente. Sin embargo, gritaba con ríos de lágrimas que bajaban por sus regordetas mejillas rosadas y me miraba esperando que la consolara. Recuerdo haberla mirado con la mente en blanco, indiferente. Recordarlo me asusta hasta la muerte, porque normalmente no soy una persona impasible.

Durante el mismo período de tiempo, recuerdo haber perdido todo sentido de racionalidad por los errores y contratiempos menores. No poder echar a andar la cortadora de césped me hacía llorar. Derramar algo en la cocina despertaba una ira interior en mí que me volvía loco.

Me alegro de haber emergido de esas sombras. Si bien sigo experimentando episodios ocasionales de melancolía, no he vivido otro tiempo así de prolongado y oscuro. Me alegro de haber salido ileso de ese mundo de altibajos, porque mi sentido de la realidad se había visto seriamente afectado. A lo largo de una parte significativa de esa depresión, luché con pensamientos y sentimientos suicidas. Los psicólogos podrían llamarle a lo que viví una «ideación suicida». No intenté quitarme la vida, pero lo pensé y lo tenía en la mente constantemente, todos los días y muchas veces al día.

Solo quería que lo que estaba viviendo llegara a su fin. Le rogaba a Dios a cada instante que me «llevara». Luchar bajo el peso del caos que había hecho de mi vida y bajo el desastre acumulado de ser yo había confundido mi sentido de la razón. Pensaba que, si había lastimado a tanta gente, lo mejor que podía hacer por ellos era sacarme a mí mismo de este mundo.

La depresión es como un laberinto de espejos. Presenta un reflejo distorsionado de uno mismo. Y se hace cada vez más difícil pensar cómo es la vida fuera de tal laberinto, e incluso creer que *existe* una vida fuera de este.

Una vez, en un panel de oradores de una conferencia, escuché a un famoso pastor hablar sobre sus períodos de depresión. Otro pastor del panel dijo: «No tengo idea de cómo se siente tener depresión», y yo pensé con respecto al segundo pastor: *No tengo idea de cómo esperas poder relacionarte con las personas que sufren en tu congregación.* Aun así, él buscaba relacionarse con ellas basándose no en vivencias en común, sino en creencias en común; en la creencia de que Dios es real, de que Dios es amor y de que Dios es poderoso para salvar.

Es muy posible que este pastor no fuera muy empático. Puede no ser el pastor que uno desea consultar en la oficina de consejería o el lecho de muerte. Sin embargo, no sería porque no estuviera en contacto con la verdad. Es probable que no sea muy bueno para estrecharte la mano en medio del dolor, pero apuesto a que sí podría señalarte confiablemente hacia la realidad de Dios.

Afortunadamente, muchos pastores son capaces de hacer ambas cosas. Dicho esto, lo más importante que un pastor puede hacer *no* es validar nuestros sentimientos, sino alentarnos con la verdad. Los mejores pastores nos recuerdan que hay una realidad más cierta y más profunda que la que podemos ver, oír y tocar en el momento. Esto no hace a este mundo menos real; solo lo vuelve menos definitivo.

Y no son solo los deprimidos los que están en peligro de tener su mundo definido por sus sentimientos. Los raros que nunca han tenido un mal día también son un peligro. Una actitud siempre positiva no es más un reflejo de la realidad que la actitud siempre negativa.

Sí, la forma en que experimentamos el mundo es importante. Como mínimo, nos dice algo importante de nosotros mismos. No obstante, cómo experimentamos el mundo no define lo que es verdadero en última instancia.

Conozco a un hombre mayor que no conoce a Jesús y aun así parece perfectamente contento con su vida. ¿Lo puedes creer? Claro que sí, porque conoces gente como él. Este sujeto tiene una linda familia, una casa bonita, un buen grupo de amigos, una buena cuenta de ahorros y, genuinamente, es una buena persona. Mientras crecía en la iglesia y me entrenaban para evangelizar, me decían constantemente que las personas perdidas sentían que les faltaba algo en la vida. Todos tenemos un vacío con la forma de Dios en nuestro corazón, así se pensaba. Y es cierto. Pero lo que no es cierto es que todos sienten intensamente el dolor de ese vacío. La verdad es que puedes estar perdido sin saberlo. La experiencia de vida de este sujeto no se corresponde con la realidad de su apremiante necesidad. Según todos los indicadores espirituales, él va directo al infierno, pero no se siente en peligro ni en lo más mínimo.

De manera similar, puedes sentir que ahora vas directo al infierno, que está todo perdido, y aun así encontrarte perfectamente seguro en los brazos amorosos del Padre.

Al diablo le encanta maquinar esta inversión de las cosas, en la que el peligro se siente como seguridad y la seguridad se siente como peligro. El apóstol Pedro señala: «Vuestro adversario el diablo, como león rugiente, anda alrededor buscando a quien devorar» (1 Pedro 5.8). La palabra «devorar» dice mucho. El diablo no ha salido a buscar un bocado. Quiere destrozarte y engullirte por su garganta.

Así que es totalmente lógico que Satanás explotara la racionalidad autocontenida de nuestra emocionalidad. Él quiere que definamos la realidad según cómo nos sentimos, porque sabe lo abrumadores y absorbentes que son nuestros sentimientos.

Por esto, debemos estar conscientes de nuestros sentimientos sin comprometernos con ellos.

LOS SENTIMIENTOS, ALGO MÁS QUE SENTIMIENTOS

«A los hechos no les importan tus sentimientos» es un cliché que dejé sin mencionar en la exploración de la mentira sobre «vivir tu verdad» del capítulo anterior. Este se ha convertido en un lema muy utilizado como respuesta de la derecha frente a la retórica progresista en los medios de comunicación. Al momento de escribir esto, el lema de que «a los hechos no les importan tus sentimientos» ha sido publicado durante tres años desde que el erudito conservador Ben Shapiro lo dejó estampado en Twitter.

Es verdad que a los hechos no les importan los sentimientos. Sin embargo, a aquellos que aman los hechos sí les deben importar. Nuestras emociones son nuestro barómetro, revelan el clima de nuestro interior. Las emociones nos dicen cosas importantes sobre nosotros mismos y nuestra capacidad de sobrellevar las situaciones, procesar la realidad y perseverar.

Yendo más allá, las emociones nos han sido dadas por Dios. El Creador, dueño de toda sabiduría, nos diseñó para sentir.

No obstante, con la caída de la humanidad, se nos cruzaron los cables. Sin embargo, la solución no es descartar los mecanismos que operan dentro de nosotros, sino descubrirlos y manejarlos con la sabiduría de Dios, de acuerdo a la realidad.

Para cada uno de nosotros, este es un proceso increíblemente complejo y extremadamente difícil de llevar a cabo. La percepción es realidad para casi todos, motivo por el cual encontramos muchos desafíos a nuestra percepción no simplemente discordantes, sino también personalmente ofensivos.

Para hacer las cosas más difíciles, muchas de nuestras emociones son residuos de realidades pasadas, cosas que fueron verdaderas y seguimos viviendo como una verdad actual. Esto es lo que hace que la recuperación de los traumas sea tan peligrosa y delicada. Una víctima puede estar muy lejos del peligro real del pasado, pero todos los días vuelve a vivir la ofensa, no por elección, sino debido a la forma en que ha sido *diseñada*.

Bessel van der Kolk es un médico y profesor universitario especializado en el tratamiento de los traumas. Durante años ha estudiado a sus pacientes y los ha atendido buscando ayudarlos a recuperarse del abuso y otras experiencias horrorosas. En su libro, *El cuerpo lleva la cuenta*, van der Kolk escribió sobre cómo el trauma, en efecto, deja impresiones en el cerebro, en la mismísima fisiología de la víctima, dando paso a una facilidad «natural» para interpretar la experiencia y la intuición como la realidad actual:

> El cerebro izquierdo recuerda los hechos, las estadísticas y el vocabulario de los acontecimientos. Lo invocamos para explicar nuestras vivencias y ponerlas en orden. El cerebro derecho almacena recuerdos de sonidos, tactos, olores y las emociones que evocan. Este reacciona automáticamente a voces, rasgos faciales, y gestos y lugares que se han experimentado en el pasado. Lo que recuerda se siente como una verdad intuitiva, la forma en que las cosas son.[1]

Los métodos de tratamiento del trauma propuestos por van der Kolk son algo controversiales entre los psicólogos, y personalmente no tengo la autoridad para respaldarlos o descartarlos. Ciertamente, como cristiano, me gustaría que los tratamientos médicos y las terapias físicas fueran suplementados con prácticas regulares de la verdad bíblica en la mente atormentada. Sin embargo, la investigación sugiere que, para los sobrevivientes de un trauma, «los sentimientos se convierten en hechos» es algo convincente y será ignorado solo por personas a quienes no les importan las víctimas.

Independientemente de lo que pienses de las diferentes prescripciones de van der Kolk, su diagnóstico es incisivo. Dentro de las estrategias de tratamiento está ayudar a las víctimas a vivir una reconfiguración de sus realidades. Esto no se logra ignorando sus sentimientos. De hecho, parte del proceso a menudo involucra indagar más en ellos, identificándolos uno por uno en el contexto de la terapia o la consejería, «confrontándolos» en cierto modo. Pero la meta no consiste simplemente en validar las emociones propias y por lo tanto vivir como una víctima perpetua, sino más bien en traer metódicamente la realidad de los sentimientos propios a la realidad de las circunstancias presentes. Van der Kolk prosiguió: «Simplemente notar lo que uno siente fomenta la regulación emocional y ayuda a que dejemos de tratar de ignorar lo que está sucediendo por dentro».[2] La meta es aprender a no ser controlado por los sentimientos.

Por lo que sé, el doctor van der Kolk no es cristiano, pero esta meta está muy alineada con la visión bíblica de nuestras emociones.

Ignorar lo que sentimos no es la respuesta. A los hechos pueden no importarles tus sentimientos, pero a Jesús sí. Razón por la cual su Palabra habla tanto de ellos.

El punto no es que los sentimientos no cuentan o no son importantes. El punto es que los sentimientos no son los que definen la realidad última. La Biblia nos indica que pensemos en nuestros sentimientos, que hagamos el trabajo difícil de enfatizar nuestra disposición a algo *más* que los sentimientos.

Piensa en las restricciones emocionales que la Palabra de Dios les impone a los que dicen seguir a Jesús. «Airaos, pero no pequéis; no se ponga el sol sobre vuestro enojo», escribe Pablo en Efesios 4.26. En cierto modo, el apóstol reafirma el enojo como una emoción legítima, una respuesta digna frente a todos los tipos de pecado. Sin embargo, ser controlado por la ira es en sí mismo un pecado.

Piensa también en el fruto del Espíritu que aparece en Gálatas 5.22-23, el cual incluye cualidades como paciencia, benignidad y templanza. Estas son cualidades de control emocional. Una persona guiada por el Espíritu no está desprovista de emociones, pero tampoco se encuentra controlada por ellas. Nuevamente, esto no se logra ignorando lo que sentimos, sino contemplando lo que sentimos y trayéndolo a la luz de la realidad espiritual.

De este modo nos enojamos de manera legítima por las injusticias de todo tipo, y en muchos casos incluso podemos buscar restitución o reparación, especialmente en beneficio de otros. No obstante, nos privamos de la retribución o el desquite, porque estos ignoran la realidad espiritual de que Dios se hará cargo de la venganza.

El diablo solo quiere que sintamos nuestros sentimientos, no que pensemos en ellos. Su zona de recreo es el mundo visible de la vivencia y la reacción. Si comienzas a pensar más allá de lo que sientes y ves, podrías de alguna forma encontrarte con la fe, y ciertamente él no lo va a permitir.

CREER ES VER

Cuando Jesús murió, sus discípulos se entristecieron. Esto fue una respuesta emocional natural y apropiada para lo que habían atestiguado. Cuando Jesús vuelve repentinamente de la muerte y se les aparece, el sentido de la realidad de estos hombres se vio seriamente afectado. La tristeza era tan abrumadora, que amenazaba con sofocar la posibilidad de sentir alegría.

Si recuerdas, Tomás les dice a los discípulos que no creerá en la resurrección a menos que pueda tocar las heridas de Jesús (Juan 20.25). Para Tomás, en ese momento al menos, ver era creer.

Tomás se ganó una mala reputación por esto, y quizás merecida, pero me siento mal por el buen Tomás el Incrédulo. ¿Debería quedar marcado para siempre por su escepticismo? Él es exactamente igual a nosotros. Nosotros también definimos nuestra realidad según nuestros sentidos.

Una semana después de afirmar que dudaba, Tomás se encuentra ante su Señor en el silencio de una habitación cerrada. En un acto profundo de condescendencia misericordiosa, Jesús lo invita a tocar sus heridas y dice: «Porque me has visto, Tomás, creíste; bienaventurados los que no vieron, y creyeron» (Juan 20.29).

Antes, durante su ministerio, Jesús había dicho algo similar al contar la historia de un hombre rico y un mendigo sin hogar que estaban en el más allá (Lucas 16.19-31). Durante toda su vida el hombre rico había definido la realidad de acuerdo con lo que él había visto. Estaba satisfecho con sus riquezas y todo lo que podía comprar. Ganó el mundo y perdió su alma. El mendigo se llamaba Lázaro, y a pesar de su pobreza y dolor, obviamente creyó en la realidad que no podía ver, porque después de morir se encontró en el mismísimo paraíso de Dios.

En el relato de Jesús, el hombre rico llama a Abraham, primero para recibir alivio, el cual no puede ser provisto. (Recuerda que si vives una vez, morirás dos veces). Él le suplica a Abraham que envíe a Lázaro de regreso de la muerte para que le advierta a su familia sobre los peligros de vivir una vida incrédula.

Si no puedes creer el descaro que tuvo el hombre rico cuando trató de darle órdenes al pobre incluso en el más allá, también debes considerar la lógica de su solicitud. Tiene perfecto sentido para lo que ha vivido la mayoría de las personas con respecto a la realidad.

«Creeré en Jesús si puedo tocarlo», dice el escéptico.

«Creeré en toda esta cuestión de Dios si él me demuestra que existe», dice el ateo.

Creemos que ver es creer. Si Dios hiciera un milagro enfrente de nosotros, nuestra definición de la realidad cambiaría. No obstante, sabemos por experiencia que incluso esto no es verdad. Las personas siempre desestiman las cosas que ven, en especial si su creencia anterior era extremadamente preciada para ellos. Jesús hizo milagros frente a muchos escépticos que aun así siguieron en su escepticismo.

«Si mi familia de no creyentes es testigo de una resurrección milagrosa, creerán», piensa el hombre rico.

Abraham responde: «Si no oyen a Moisés y a los profetas, tampoco se persuadirán aunque alguno se levantare de los muertos» (Lucas 16.31).

Bien, esto es interesante. Jesús comunica otra vez que creer en lo que *no* vemos es más importante que creer en lo que sí vemos. En otras palabras, creer es ver.

En efecto, según Jesús, lo que oímos debe definir más nuestra realidad que lo que vemos. Específicamente, se refiere a lo que oímos en la Biblia. (La frase «Moisés y los profetas» se refiere a las Escrituras).

Existe una línea directa entre estos episodios y Cristo reprendiendo al diablo en el desierto. Jesús fue tentado a ceder ante sus sentimientos (hambre y fatiga) y a creer en lo que veía cuando se le dijo que convirtiera las piedras en pan. En lugar de eso, él declara que el hombre no debe vivir de lo que siente y ve, sino «de toda palabra que sale de la boca de Dios» (Mateo 4.4).

NUESTRO DIOS SENSIBLE

En nuestra exploración de la primera mentira, pudimos incursionar en el libro de Job, pero ahora creo que es momento de profundizar más. Sé que muchos libros que tratan con la vivencia universal del sufrimiento humano interaccionan con la historia de Job, y arriesgándome a caer en la redundancia, hago esto mismo aquí por una razón mucho más importante: Job nos muestra la vivencia de un hombre que fue el blanco directo de la crueldad satánica.

En el libro de Job se aprende mucho sobre el diablo, aunque su participación en cierta medida pasa a un segundo plano en el capítulo 3. Nos enteramos de que es poderoso, astuto, desafiante y está totalmente sujeto al control soberano de Dios. Dependiendo de cómo lo mires, este último punto puede resultarte más o menos reconfortante, por lo que es importante lidiar con este asunto para nuestra discusión.

Víctor Hugo, autor de obras maestras admiradas como *Los miserables* y *El jorobado de Notre Dame*, dijo una vez: «Mañana, si toda la literatura fuera a ser destruida y yo tuviera que decidir conservar solo una obra, me quedaría con Job».[3] Cualquiera que haya pasado un tiempo considerable estudiando este libro puede darse cuenta del porqué. Job es una obra maestra épica en sí misma, llena de poesía inspirada por el Espíritu de una belleza sin parangón, de una teología con una profundidad sin igual y un consejo pastoral colmado de una gracia poco común. Job es, simultáneamente, un tratado poético que habla sobre la impactante soberanía de Dios y un brazo sobre los hombros encorvados de cualquier persona derribada por el duelo y el dolor.

Y Job es un hombre que ha sido golpeado de forma tan brutal como nadie podría serlo, salvo Cristo. Y supongo que, en medio de su insoportable duelo y dolor, a Job no le preocupa tanto que Víctor Hugo lo salve como que sea Dios el que lo haga.

El diablo ha diseñado la muerte de todos los hijos e hijas de Job, la destrucción de todas sus propiedades, la quiebra de todo su sustento y la aflicción de toda su salud física. Todo lo que le queda a ese hombre es su miserable vida. Todo lo que Job puede hacer es sentarse en las ruinas de su vida y esperar. ¿Para qué? No está muy seguro todavía.

Sus amigos han aparecido. Y como la mayoría de los amigos en medio de la aflicción, son útiles excepto cuando tratan de ayudar. Cuando llegamos al capítulo 14, Job le responde a su amigo Zofar, quien le ha sugerido que sus problemas se deben a su falta de fe.

Se nos ha dicho que Job es un hombre recto, así que él *no* está pensando en su fe. Él sabe, ya sea un ataque satánico o no, que nada ocurre fuera de la dirección soberana de Dios. Sin embargo, no es eso lo que siente exactamente, si sabes a lo que me refiero.

Ciertamente sus días están determinados,
Y el número de sus meses está cerca de ti;
Le pusiste límites, de los cuales no pasará.
Si tú lo abandonares, él dejará de ser;
Entre tanto deseará, como el jornalero, su día.

(JOB 14.5-6)

¿Qué está diciendo? Básicamente esto: «¡Déjame tranquilo! Ya no puedo más. No basta con que tú determines cuánto tiempo vivimos, Dios; también permites que nos vengan dificultades. ¿No puedes mirar para otro lado por un momento y dejarnos tener un poco de libertad?».

Los sentimientos son reales. El dolor es real. Y de alguna manera él sabe que aunque su aflicción inmediata está en manos del diablo, el diablo está bajo la rienda de Dios. Y de algún modo confía en que la mano que sujeta esa rienda *se preocupa*.

Esta remembranza aparece como una consolación exclamatoria en «The Collar» [El collar], un poema del sacerdote inglés George Herbert, de principios del siglo diecisiete. El título tal vez tenga un doble significado, haciendo referencia al collar o cuello clerical de aquellos casados con el ministerio cristiano y a las restricciones puestas sobre ellos por el Dios que sirven. El collar que designa el compromiso personal también parece una carga, una censura. El poema de Herbert comienza como un lamento por un dolor sin causa aparente. Al leer la selección a continuación, y hazlo sin prisa para captar el efecto total, considera el tormento jobiano representado en el lamento. Considera si no evoca algún sentimiento que hayas sentido antes o que sientas ahora.

«...Hubo vino sin duda
Antes que mis suspiros lo secaran; y también grano

Antes de que mi llanto lo anegase.

¿Solo para mí se pierde el año?

¿No tengo coronas de laureles,

Ni flores ni guirnaldas para él? ¿Se ha malogrado todo?

¿Todo es baldío? [...]

¡Vamos! Deprisa.

Marcharé muy lejos.

Recluye ya tu calavera; amarra tus temores;

Aquel que aguanta

Solo ser siervo de sus necesidades

Se merece su carga».

Pero cuando, todo furor, me enardecían

Estas palabras,

Creí que alguien llamaba: ¡Hijo!

Y contesté: *Señor.*[4]

Al final, lo que consuela al que se lamenta no es que lo libren del dolor o las circunstancias. Más bien, él oye a Dios llamándole «hijo». Y conoce a Dios no simplemente como el diseñador soberano de sus aflicciones, sino como el padre amoroso que se preocupa. Con eso basta, por extraño que pueda sonar para muchos.

Anteriormente, en el libro de Job, cuando su esposa le sugiere que maldiga a Dios y se muera (2.9), Job piensa: «¿Recibiremos de Dios el bien, y el mal no lo recibiremos?» (2.10). Muchos de nosotros encontramos nuestra teología más cercana al principio del dolor. Es cuando el dolor se prolonga que comenzamos a luchar contra él.

Pienso en la persona deprimida de Salmos 42, que también atribuye todas las «ondas» y «olas» que han pasado sobre ella a la mano de Dios. Está atrapada entre la sana doctrina y el lamento devastador. Mientras más se prolonga el sufrimiento, más oportunidades de dudar se presentan.

«Tienes mi atención y he aprendido la lección», clamamos a Dios. No obstante, la oscuridad sigue ahí.

¿Acaso a Dios no le importa? ¿Es acaso un sádico cósmico?

¿Qué le ocurre a nuestro bienestar emocional cuando nuestra teología de la bondad amorosa de Dios choca contra la dura pared de la realidad?

La mayor parte del libro de Job consiste en el diálogo divino de oración. Job le habla a Dios. Dios le habla a Job. Que esto sea una realidad resulta infinitamente útil y reconfortante en sí mismo. Podemos tener un Dios que no nos alejará de todas las experiencias de dolor y sufrimiento, pero tenemos un Dios que oye y habla. Él no es indiferente.

Sin embargo, lo que dice es importante, y un lector astuto puede darse cuenta de que Dios nunca trata a Job como una pobre víctima. Más bien, lo traslada rápidamente a un panorama vertiginoso de su propia gloria y poder soberano. Mucho de lo que Dios le muestra corresponde a cosas que Job no puede ver, no en ese momento al menos. «¿Estuviste tú ahí, Job, cuando creé los monstruos marinos?». Esa es solo una de las rarezas que Dios le dice a nuestro afligido Job (41.1).

Obviamente, Job no estuvo ahí cuando ocurrió eso. Es probable que nunca haya visto un leviatán, mucho menos su creación. No ha visto casi ninguna de las cosas que Dios puso en frente de su atribulada mente para que las evaluara. ¿Por qué Dios confrontaría a Job de esta manera? Con esto, demuestra que es todo menos sensible.

Cuando sufrimos, anhelamos a un Dios sensible. Y en su encarnación, el Hijo de Dios ha venido a tocar y sentir. Dios no solo no es indiferente, sino que puede compadecerse de nuestras debilidades (Hebreos 4.15). Sin embargo, el Dios sensible no es exactamente lo que necesitamos. Lo que Dios ha hecho con su amado servidor Job es recordarle que hay una realidad más profunda en todo eso, una historia mayor que hará que su dolor sea *significativo*, aunque quizás no lo pueda soportar ni explicar.

El Señor ha permitido que Satanás aplaste a Job para mostrarle la realidad de lo que no podía perder.

LO QUE LE QUEDABA A JOB

Esto es lo que Job ve: tristeza, pérdida, enfermedad, una esposa hiriente y amigos inútiles. Él comienza a notar la aparente futilidad de todo. Se siente desesperanzado.

> Porque si el árbol fuere cortado, aún queda de él esperanza;
> Retoñará aún, y sus renuevos no faltarán.
> Si se envejeciere en la tierra su raíz,
> Y su tronco fuere muerto en el polvo,
> Al percibir el agua reverdecerá,
> Y hará copa como planta nueva.
> Mas el hombre morirá, y será cortado;
> Perecerá el hombre, ¿y dónde estará él?
> Como las aguas se van del mar,
> Y el río se agota y se seca,
> Así el hombre yace y no vuelve a levantarse;
> Hasta que no haya cielo, no despertarán,
> Ni se levantarán de su sueño.
>
> (JOB 14.7-12)

Podemos ver el fruto de un árbol. Y este vuelve a crecer. Sin embargo, todo lo que vemos de una persona es que envejece, muere y se consume. Eso es lo que *vemos*. Esa es la realidad que sentimos. Es la realidad que Satanás quiere que sintamos.

Cuando estaba sumido en mi propio período depresivo, me sentía consumido hasta un punto máximo y completamente solo. Incluso con gente a mi alrededor, personas que profesaban amarme, no podía sacudirme la pesada aflicción de la soledad. *Nadie entiende*, pensaba. *A nadie le importa*, creía. *Esto no tiene sentido.*

Job estaba pasando por la misma situación:

> Ciertamente el monte que cae se deshace,
> Y las peñas son removidas de su lugar;
> Las piedras se desgastan con el agua impetuosa, que se lleva
>   el polvo de la tierra;
> De igual manera haces tú perecer la esperanza del hombre.
> Para siempre serás más fuerte que él, y él se va;
> Demudarás su rostro, y le despedirás.
> Sus hijos tendrán honores, pero él no lo sabrá;
> O serán humillados, y no entenderá de ello.
> Mas su carne sobre él se dolerá,
> Y se entristecerá en él su alma.
>
> (JOB 14.18-22)

Job ha sido despojado de su esencia. Todas sus comodidades han desaparecido. Todos sus placeres físicos se han ido. Todos sus bienes materiales se han esfumado. Todas sus alegrías terrenales se han ido. ¿Qué le queda? Solo el dolor de su carne.

Solo le queda el dolor. No obstante, también le queda... esperanza. Tal vez una razón por la que Dios permitió este ataque fue para que Job aprendiera a no confiar en lo que ve, sino a acurrucarse cerca de él.

En mis días de pastor, a menudo me encontraba sentado frente a personas abrumadas por el dolor. La pregunta más común que todos querían responder era «¿Por qué?».

«¿Por qué Dios permitió esto? ¿Por qué Dios me está haciendo esto?».

Como profesional religioso designado, se esperaba que yo pudiera tener respuestas a esa pregunta. En lo que se refería a las pruebas y tribulaciones específicas de las personas, no las tenía. No obstante, a mi vez yo les hacía una pregunta a ellos, y por lo general era algo como esto: «Si no estuvieras pasando por esta situación, ¿te encontrarías tan cerca de Dios como lo estás ahora?».

En todos mis años de hacer esa pregunta, nunca escuché a nadie decir que sí.

Es una verdad difícil de aceptar, pero el Señor siempre está más interesado en profundizar nuestro sentido de necesidad de él que en darnos razones para no necesitarlo.

Y eso es lo que sucede con Job. Todo lo que ve, toca, huele, escucha y *siente* es miserable. Su vida *parece* desesperanzada. Y sin embargo —Dios lo bendiga— a pesar de su evidente tragedia, Job decide que si el dolor es todo lo que le queda, también puede soportarlo con esperanza.

Pienso en las palabras que dijo en su lecho de muerte Aragorn, el gran rey de Gondor, según se registra en un apéndice de *El retorno del rey* de Tolkien: «Con tristeza hemos de separarnos, mas no con desesperación. ¡Mira! No estamos sujetos para siempre a los confines del mundo, y del otro lado hay algo más que recuerdos. ¡Adiós!».[5]

Depresión, tal vez sí. Pero no desesperanza.

Verás, los cristianos no tienen la esperanza que tiene el mundo. Cuando el mundo tiene esperanza, se está haciendo ilusiones. «*Espero* que esto o aquello suceda», piensan. Ellos consideran que cuando un hombre muere, como dice Job, simplemente se desvanece; da su último respiro. «Solo se vive una vez». Eso es todo. Eso es todo lo que ven.

Sin embargo, la esperanza cristiana no es así. Esta desafía lo que vemos y alcanza su madurez con la promesa de lo que no se ve.

- «No os entristezcáis como los otros que no tienen esperanza». —1 Tesalonicenses 4.13
- «Y nuestra esperanza respecto de vosotros es firme, pues sabemos que así como sois compañeros en las aflicciones, también lo sois en la consolación». —2 Corintios 1.7
- «… a causa de la esperanza que os está guardada en los cielos». —Colosenses 1.5
- «Cristo en vosotros, la esperanza de gloria». —Colosenses 1.27
- «El Señor Jesucristo *es* nuestra esperanza». —1 Timoteo 1.1 (énfasis añadido)
- «Tenemos [la esperanza] como segura y firme ancla del alma». —Hebreos 6.19
- «Es, pues, la fe la *certeza* de lo que se espera, la convicción de lo que no se ve». —Hebreos 11.1 (énfasis añadido)

Verás, la esperanza del mundo es hueca. La esperanza del creyente es firme. ¡Porque la esperanza del creyente es Jesús! Y solo porque no puedas verlo no significa que no sea real. Que no lo veas ahora no significa que no lo verás después.

Satanás quiere hacerte creer que te encuentras solo, que cuando estás despojado de tu esencia y únicamente queda el dolor, eso es todo lo que tienes. Él no quiere que veas la realidad de que Jesús nunca te dejará ni te abandonará (Hebreos 13.5), que estará con nosotros hasta el fin (Mateo 28.20).

Después que le hubieron robado todo, lo que le quedó a Job fue la esperanza. Y la esperanza, puesta en el lugar correcto, es algo que el diablo no soporta.

LA ESPERANZA DESAFÍA LO QUE SENTIMOS
Y DEMANDA LO QUE NO SENTIMOS

Cuando llegas al final de la cuerda, ahí está Jesús. Esto es motivo para sentir una inmensa confianza, incluso cuando la vida amenaza con destruirnos. Aun cuando la condena de nuestro Acusador nos ruge en los oídos, la seguridad de que le pertenecemos a Cristo y Cristo a nosotros es algo que ni siquiera el poder sobrenatural de Satanás puede atacar.

Por lo tanto, la esperanza desafía lo que se ve. Todo puede parecer sombrío, nuestra realidad puede ser que sintamos que todo está perdido, pero si tenemos a Cristo, desafiamos lo que es visible. Y nos aferramos a la esperanza, la cual demanda lo que es invisible.

Al hablar de «demandar» no me refiero a que la esperanza demande cosas de Dios. Estamos en una posición que nos permite pedirle cosas a nuestro Padre, pero no darle órdenes. Con esto, solo quiero decir que la esperanza es un llamado a lo que hay más allá. En realidad, la esperanza demanda cosas de *nosotros*: que no asumiremos que lo que vemos es todo lo que hay.

De modo que Job ora así:

> ¡Oh, quién me diera que me escondieses en el Seol,
> Que me encubrieses hasta apaciguarse tu ira,
> Que me pusieses plazo, y de mí te acordaras!
>
> Si el hombre muriere, ¿volverá a vivir?
> Todos los días de mi edad esperaré,
> Hasta que venga mi liberación.

(JOB 14.13-14)

En esencia, declara: «Mi esperanza es que esto valdrá la pena». Él no dice: «Oh, *espero* que esto valga la pena». Él afirma: «Mi esperanza

---

89

EL EVANGELIO SEGÚN SATANÁS

es que *sé* que esto valdrá la pena». Por lo tanto, incluso sin poder ver a través de las lágrimas de su dolor, sabe que puede soportarlo debido al final que se aproxima.

«Si el hombre muriere, ¿volverá a vivir?». Esta es la primera pista acerca de dónde reside la esperanza suprema de Job.

«Todos los días de mi edad esperaré hasta que llegue mi liberación».

Hagamos esto personal. Déjame preguntarte algo: si estás pasando por una situación increíblemente dolorosa en este momento, ¿qué haría para ti que «valiera la pena»? Tal vez sea simplemente librarte de las circunstancias, aliviarte del dolor. Tal vez, para ti, nada vale lo que estás pasando.

No obstante, si crees en la soberanía de Dios, y por lo tanto en que él de alguna manera, por alguna razón que no ves, ha permitido que esta prueba tenga lugar en tu vida, ¿puedes al menos creer que lo hace en última instancia para tu bien?

Porque cualquier cosa que se te haya ocurrido cuando te pregunté qué haría que valiera la pena revela dónde se encuentra tu esperanza. ¿Tu esperanza se encuentra en lo que ves? Si es así, probablemente *deberías* sentirte siempre desesperanzado.

En Romanos 8.24-25, Pablo escribe: «La esperanza que se ve, no es esperanza; porque lo que alguno ve, ¿para qué esperarlo? Pero si esperamos lo que no vemos, con paciencia lo aguardamos».

C. S. Lewis, en su parábola sobre el más allá llamada *El gran divorcio*, lo expresó de esta manera a través de las palabras de su guía imaginado, George MacDonald:

> Eso es lo que no entienden los mortales. Hablan de un dolor temporal que «ninguna bendición futura podría equilibrar» sin saber que el cielo, una vez que se ha obtenido, trabaja hacia atrás y convierte en gloria cada sufrimiento».[6]

Eso es lo que Job está haciendo en este momento. Su esperanza está demandando lo que no se ve. Él se está comprometiendo a esperar ansiosamente, a soportar. En Job 14.14, podríamos escucharlo de la siguiente manera: «Si supiera que voy a volver a la vida, que *esto* no es todo lo que hay, soportaría esta lucha hasta ese día. Si eso es lo cuesta, Señor, lo haré».

¿Qué hay de ti? Si supieras que esta vida no es todo lo que hay, ¿cómo afectaría eso tu forma de vivir hoy? ¿Esta semana? ¿Cómo afectaría a tu esperanza en medio del sufrimiento?

Lottie Moon fue una misionera bautista en China a finales del siglo diecinueve y principios del veinte. Ella sirvió durante cuarenta años, principalmente en la provincia de Shandong, soportando numerosas dificultades a lo largo del camino. Su campo misionero la odiaba completamente y se había ganado el apodo de «la mujer del diablo». En una oportunidad, Moon escribió que sabía que sería asesinada si los que planeaban hacerlo tenían la oportunidad.

Como si esto fuera poco, aclimatarse a la cultura fue un proceso lento para ella y se le hizo difícil aprender chino mandarín. El deterioro de la salud de su hermana fue una fuente constante de preocupación. Su supervisor misionero también se encontraba en una situación mental y emocional terrible. Moon se hallaba en medio de misioneros locales enemistados y trataba constantemente de negociar la paz entre aquellos que deberían haber estado trabajando juntos. A medida que envejecía, ella misma comenzó a sufrir algunos problemas de salud mental.

Y Moon hizo todo esto estando soltera. ¿Te imaginas el dolor, el miedo, la soledad?

Si bien es posible que no puedas sentirte identificado con su misión en China, tal vez seas capaz de identificarte con un amor frustrado. Nos enteramos de que se enamoró de un profesor de seminario. Era un poco mayor que ella y no tenemos muchos detalles sobre su relación, salvo que el sentimiento era mutuo. Sin embargo, la relación nunca se concretó.

Quizás hubo diferencias teológicas entre ellos, en vista de que su pretendiente finalmente adoptó el unitarismo. Tal vez se trató de vocaciones distintas: ella quería servir en el extranjero, pero él deseaba quedarse en casa. Cualquiera haya sido el caso, sabemos que además de todo su sufrimiento físico y espiritual, Lottie Moon vivió una de las luchas más comunes de las personas solteras (e incluso de muchas casadas): deseos románticos insatisfechos.

Ella afirmó: «Dios hizo la primera demanda con respecto a mi vida, y dado que las dos entraron en conflicto, no podía haber ninguna duda sobre el resultado».[7]

Lottie Moon no tuvo una vida fácil. Sin embargo, su esperanza no estaba en sus sentimientos ni en sus circunstancias. Sabía que lo más importante acerca de ella estaba resuelto, y esto a su vez ayudó a afianzar su corazón.

La esperanza desafía lo que se ve y la esperanza demanda lo que no se ve.

LA ESPERANZA SE CUMPLIRÁ

Cuando la serpiente le ofreció a Eva el fruto prohibido, la tentó a esperar cosas que ya tenía *como si no las tuviera*. No hay mayor plenitud, belleza e ilustración que la que se encuentra en la comunión con Dios. ¡El diablo le prometió esas cosas de la única forma en que no las obtendría!

Job, entonces, está trabajando duro en el lado maldito de la caída. Él puede agravar su dolor buscando la salida diabólica, procurando alivio solo donde *no lo hay*, o puede aguardar con esperanza, confiando en la liberación que está por venir.

En este lado de la primera venida de Cristo podemos mirar hacia atrás a lo que Job aguardada con ansias. No obstante, como

Job, seguimos esperando la consumación de lo que Jesús inauguró en su ministerio del primer siglo.

Mientras Job espera el final, esta es su primera esperanza:

> Tú me llamarás, y yo te responderé;
> 　deseerás ver la obra de tus manos.
> Deseerás también contar mis pasos,
> 　pero no tomarás en cuenta mi pecado.
> En saco sellado guardarás mis transgresiones,
> 　y perdonarás del todo mi pecado.
>
> (JOB 14.15-17, NVI)

Incluso desde el punto de vista borroso del mundo antiguo, años antes del nacimiento de Cristo, lo que Job anhela en última instancia no es la comodidad temporal, sino la vida eterna. Que su pecado no se tomara en cuenta. Que su rebelión fuera derrotada. Que su injusticia fuera cubierta.

Aunque no lo creas, la esperanza de Job está en las buenas nuevas de Jesucristo.

Job mismo es un presagio de Jesús, el hombre que fue el Hijo de Dios encarnado, enviado en forma humana a nuestro mundo quebrantado para sufrir. A diferencia de Job, Jesús sabía en lo que se estaba metiendo. Él estaba dispuesto a ser afligido (Lucas 22.42). Así que fue voluntariamente a la cruz y soportó la vergüenza, la tortura y la muerte de la crucifixión por nosotros.

Y después de que todo pareciera perdido, después de los días más oscuros, después de que los sentimientos de aflicción y temor amenazaron con convertirse en una realidad para siempre, aparece una emoción esperanzadora. La resurrección.

Poner nuestra fe en Jesús, por lo tanto, es aferrarnos al que ha sido azotado en nuestro lugar por el amor más profundo y verdaderamente eterno jamás conocido. El Señor del universo nos une de tal manera a sí mismo que su muerte se convierte en la nuestra, su resurrección se vuelve nuestra, y sin importar en qué situación nos encontremos, en salud o en dolor, en felicidad o en sufrimiento, en riquezas o en pobreza, en certeza o en confusión, estamos escondidos junto con él en el mismísimo Dios (Colosenses 3.3).

Darle la espalda, poner tu fe solo en lo que ves, es decidir no verlo después. Es elegir la muerte que viene después de la muerte, la paga de nuestro pecado, que es la condenación eterna en el infierno. Sin embargo, el que estrecha las manos de Jesús tiene un gozo eterno que esperar.

Si eres cristiano, lo más importante de tu vida, tu destino eterno, está resuelto. «Y esta esperanza no nos defrauda, porque Dios ha derramado su amor en nuestro corazón por el Espíritu Santo que nos ha dado» (Romanos 5.5, NVI).

Esta esperanza no nos defrauda. Como lo expresan otras traducciones, esta esperanza «no avergüenza» (RVR1960).

Me gustaría que te pusieras en las sandalias de un hombre o una mujer judía en los últimos días del año 1 A. C. ¡Obviamente, no sabes que estás en el año 1 A. C.! Solo sabes que han pasado cuatrocientos años desde Malaquías. Han pasado cuatrocientos años desde que Dios habló a través de sus profetas. Y estás cansado. Estás oprimido. Anhelas consuelo, liberación, justicia. Y la esperanza de que Dios haga algo al respecto comienza a sentirse como una leyenda urbana. Comienzas a pensar: *Si él está allá arriba, pues no le importamos.*

Imagina a un par de pastores de finales del año 1 A. C. cuidando a las ovejas bajo las estrellas, como lo han hecho durante años, tal vez décadas. Dos compadres, dos amigos, apoyados en una roca, cuidando los rebaños. Dos meses antes ellos se encontraban recostados en la misma roca, como lo habían hecho muchas veces antes, y un pastor le dice al otro:

—Oye, Ernie. (Supongamos que se llama Ernie).

—¿Qué? —responde Ernie.

—¿Alguna vez te has sentado a pensar si eso del Mesías es cierto?

—¿A qué te refieres?

—Me refiero a que mi abuelo solía recitarme todas las Escrituras que conocía. Isaías. Jeremías. Job. Nunca las he olvidado. Y cuando era más joven, de verdad creía en ellas. Pero ahora, a veces me pregunto... Es decir, ¿era todo solo cuentos de hadas?

—¿De qué estás hablando? ¿Cuentos de hadas? —dice Ernie—. Por supuesto que no. El mismo Señor Dios inspiró esas profecías.

—Ya sé, ya sé. Pero han pasado como cuatrocientos años desde el último profeta. Los romanos son dueños de todo. Nuestros predicadores son malas personas. Nuestros activistas son crucificados. Si Dios alguna vez habló, no parece que lo esté haciendo ahora en absoluto. Él lleva mucho tiempo en silencio, desde mucho antes de que tú y yo naciéramos. Y día tras día, noche tras noche, venimos aquí y miramos estas estrellas, y suponemos que hay un cielo allá arriba, y suponemos que hay un Dios allá arriba haciendo algo. No obstante, si lo hay, tiene una forma extraña de mostrarlo. ¿Nunca piensas en si *esto es todo lo que hay?* ¿Y si no hay nada más que esto?

—Así es la vida, viejo —responde Ernie—. La vida es solo esperar. Quién sabe por cuánto tiempo. Quizás otros cuatrocientos años, no lo sé. Pero sé que Dios está allá arriba en alguna parte. Sé que está por aquí en alguna parte. Y solo porque no podamos verlo o solo porque pareciera que ha dejado de hablar, no significa que sea así. Mira hacia el cielo.

Y su amigo (lo llamaremos Ralph) levanta la vista.

—Un día, amigo mío —continúa Ernie—, un día él partirá el cielo en dos y vendrá aquí mismo y volverá a poner todo de la forma en que quería que fuera.

Ralph mira las estrellas.

—Eso espero, viejo.

Pasan los meses. Los pastores salen con sus ovejas. Tal como lo han hecho durante años. Es noche de Navidad, pero ellos no lo saben. La Navidad todavía no existe. Para ellos, es solo una noche más, igual a todas las demás. Lo mismo de siempre. Todo sigue igual.

Ernie y Ralph están apoyados en la misma roca otra vez, en silencio. Y miran las estrellas.

Y por un segundo, parece que una estrella titila de una forma un poco más intensa. ¿Es eso posible? Parece que se está haciendo más grande. Ralph se frota los ojos y mira hacia arriba.

Sí, definitivamente está creciendo. Y quizás acercándose.

Entonces, sobre el campo, la luz se vuelve cada vez más brillante, hasta que casi parece de día. Y luego parece que todo el lugar está en llamas, pero nadie resulta lastimado. Y todos los pastores están enloquecidos, aterrorizados. Se precipitan al suelo, temblando de miedo. Es como si se tratara de una invasión.

Y de repente una figura emerge del resplandor. Ha bajado un ángel. Él dice: «Proclamo buenas nuevas de gran gozo, que serán para todo el pueblo: hoy, en la ciudad de David, les ha nacido un Salvador, que es el Mesías, el Señor».

¿Te lo puedes imaginar?

¿Qué era lo que Job podía esperar? *Tal vez* tenía la esperanza de recuperar su fortuna y su salud. Sabemos que al final de la historia, Dios le restaura todas esas cosas. Sin embargo, no puede recuperar a sus hijos. Cualquiera sea el caso, él no *sabe* que eso va a suceder. Ciertamente no lo supone. Por lo que sabe, esto es todo. Es el fin. Quebrantado, derrotado, afligido y atravesado por la agonía. Su vida siempre sería así. No podía ser peor. Pero luego lo fue. Y ciertamente no parecía mejorar.

En toda la historia, nunca vemos a Job decir: «Espero recuperar mis cosas». No. ¿Dónde está su esperanza? Unos capítulos más tarde, dice lo siguiente:

Yo *sé* que mi Redentor vive,

Y al fin se levantará sobre el polvo;

Y después de deshecha esta mi piel,

En mi carne he de ver a Dios;

Al cual veré por mí mismo,

Y mis ojos lo verán, y no otro,

Aunque mi corazón desfallece dentro de mí.

(JOB 19.25-27, ÉNFASIS AÑADIDO)

Esta es la esperanza de Job: primero, que el Señor no tome en cuenta su pecado, y segundo, debido a lo anterior, que cumpla la promesa llena de esperanza de que en realidad conocerá a Dios personalmente y para siempre. «Señor, no sé lo que estás haciendo y no conozco los detalles de lo que estás orquestando providencialmente en este cráter activo que es mi vida; pero sí sé esto: cuando todo esté dicho y hecho, te miraré a la cara y te veré a los ojos y, lo entienda o no, te veré y tú me verás, y todo estará bien».

«Mi corazón desfallece dentro de mí», Job llora esperanzadoramente en adoración, y en este lamento escucho el presagio del cumplimiento que declaró Pedro: «Bendito el Dios y Padre de nuestro Señor Jesucristo, que según su grande misericordia nos hizo renacer para una esperanza viva, por la resurrección de Jesucristo de los muertos» (1 Pedro 1.3). Es esta esperanza la que, en otra parte del relato, mueve a Job a decirle básicamente a Dios: «Incluso si me matas, esperaré en ti» (Job 13.15).

No sé cuál sea tu situación actual mientras lees este capítulo. Tal vez ahora estés desesperado por conocer esa emoción esperanzadora.

Parece que olvidamos que cuando los sabios fueron a ver al niño Jesús a Belén, una aldea de unas mil quinientas personas, había al menos una docena, quizás hasta veinte o más familias, en las inmediaciones que lloraban el asesinato de sus bebés debido al decreto de

Herodes de que cada niño menor de dos años fuera asesinado. Ese es el mundo oscuro, afligido y sin esperanza en el que nació Jesús.

Y según la forma en que la Biblia anuncia la segunda venida de nuestro Señor, vemos que será precedida por un gran momento de tribulación distinto a todo lo que se haya visto (Mateo 24; 2 Tesalonicenses 2:1-12; Apocalipsis 7). En lo que respecta al tiempo del Señor, parece que el cliché no es un cliché: siempre es más oscuro antes del amanecer.

Entonces, ¿qué vamos a hacer?

No piensen en seguir a Cristo hacia la gloria si no van a pasar por la prensa aquí. Hermanos míos, esperen con ansias la eternidad y contemplen la venida de Cristo y su recompensa junto con él, quien nos dará una amable recompensa por todas las tentaciones y dificultades de esta vida presente.[8]

Independiente de lo que estés pasando, valdrá la pena. Puedes soportarlo con esperanza, porque Cristo vino a nacer, vivir, morir y resucitar. Él está aquí en Espíritu ahora. Y él vendrá otra vez.

¿No hace esto que todo valga la pena?

El fruto prohibido no puede cumplir con lo que promete. Esa es una razón de por qué está prohibido. Sin embargo, la esperanza que desafía lo que se ve, la esperanza que demanda lo que no se ve, cumplirá con lo prometido.

Lo que sientes no es la realidad. En el mejor de los casos, es una verdad a medias; en el peor, una mentira. Y en cualquier caso, lo que sientas no será tan real como Aquel por el que esperas.

Ya verás.

LA VIDA ES LO QUE TÚ HACES DE ELLA

*Es mi deber desconfiar de mi propia habilidad,
a fin de que ponga mi confianza en aquel que
es más poderoso que todos nosotros.*

—JOHN BUNYAN, *EL PROGRESO DEL PEREGRINO*

EN JULIO DE 2018, EL PERIÓDICO ESTADOUNIDENSE *New York Daily News* publicó un artículo sobre Kylie Jenner con la noticia: «Kylie Jenner, a sus diecinueve años, vale novecientos millones de dólares y está próxima a convertirse en la multimillonaria hecha por esfuerzo propio más joven de la historia. ¿Qué estás haciendo tú con tu vida?».

Si no sabes quién es Kylie Jenner, no entres en pánico, porque ya te contaré. Es una de las hermanas más jóvenes de Kim Kardashian, a quien no le falta nada de empresaria tampoco. Kylie y Kim tienen la misma madre, Kris Jenner, aunque el padre de Kim es el difunto abogado de la farándula, Robert Kardashian (más conocido recientemente debido al juicio por asesinato de O. J. Simpson) y el padre de Kylie es la transgénero Caitlyn Jenner, antes conocida como Bruce Jenner. Toda la empresa de Kardashian destinada a convertirla en megarrica fue provocada por el programa televisivo que mostraba la «realidad» del canal VH1, llamado *Keeping Up with the Kardashians* [Manteniéndose al día con las Kardashians], el cual había surgido como resultado de la grabación sexual filtrada de Kim Kardashian.

Desde la grabación sexual hasta el *reality show*, las Kardashian han aprovechado esta estrategia de ser famosas por ser famosas para utilizarla en eventos de modelaje, marcas de ropa, líneas de perfumes y más. Si bien estoy seguro de que hay una gran visión comercial en funcionamiento —y sin duda una gran destreza para el mercadeo— detrás de la acumulación de esos novecientos millones de dólares, cuando pienso en la frase «hecha por esfuerzo propio», tiendo a relacionarla con la dueña de una pequeña empresa que fabrica, construye o confecciona cosas. Productos o servicios tangibles que aportan dinero no solo a su bolsillo, sino también al bolsillo de otros, los cuales tal vez incluso contribuyan con algo de valor a las experiencias de la vida y el trabajo diarios.

La búsqueda del sueño americano ha sido el caldo de cultivo de innumerables historias conmovedoras de personas que salen de la pobreza por sus propios medios y haciendo lo imposible. Cuando pienso en «millonaria hecha por esfuerzo propio», tiendo a pensar de los harapos a la riqueza, no de un video sexual a un *reality show*.

No obstante, lo que de verdad me afecta es la pregunta del título del artículo: «¿Qué estás haciendo tú con tu vida?». En primer lugar, la implicación es que si no trabajo activamente para convertirme en multimillonario, debo estar desperdiciando mi vida. En lo que respecta a la publicidad, el uso de la vergüenza es una estrategia única en nuestros días caracterizados por palabras no ofensivas y espacios donde nadie debería sentirse incomodado.

Sin embargo, como segundo punto, el estándar para nuestra vergüenza es completamente moderno. ¿Qué es lo que Kylie Jenner *hace* exactamente? Hemos visto a herederas y princesas acaudaladas antes, jóvenes que no hacen nada más que haraganear y gastar el dinero de la familia, pero Jenner, recuerda, se ha «hecho por esfuerzo propio». Si ella es el modelo de lo que yo debería estar haciendo con mi vida, siento curiosidad por la trayectoria que mi vida debería estar siguiendo. ¿Cuáles son los pasos que debo dar para llegar a tener novecientos millones? ¿Exactamente por qué es ella un modelo del éxito financiero?

Leí el artículo.[1] Kylie supervisa la línea de cosméticos que lleva su nombre. Opera desde la casa de su madre, con solo siete empleados. Este negocio da cuenta de ochocientos millones de dólares de su fortuna.

¿Qué hace Kylie Jenner? Bueno, hace dinero a manos llenas valiéndose de la inmoralidad de su hermana y de la vacuidad de su familia al persuadir a las jóvenes a fin de que compren maquillaje confeccionado en un taller con explotación laboral, para que así se identifiquen con la imagen de las Kardashian.

O quizás se trate de maquillaje bueno y barato; no lo sé.

Lo que sí sé es que estaría condenado si fuera a sentirme avergonzado de ser un fracaso porque mi vida (o mi poder adquisitivo) no se asemeja a la de Kylie Jenner.

La utilización de Kylie Jenner como modelo de «lo que tú deberías hacer con tu vida» representa casi todo lo disfuncional de la vida moral y espiritual de Estados Unidos.

«La fama por la fama» es un fenómeno típicamente moderno, distintivamente occidental. Es posible que haya comenzado con la era de la telerrealidad. Sin embargo, se ha convertido en una aspiración genuina dentro del sueño americano. Cuando le preguntabas a la mayoría de los niños en edad escolar de mi generación qué querían ser cuando fueran grandes, la mayoría de las respuestas iba por la línea de médico, profesor, policía, enfermero. Ocasionalmente, jugador de béisbol. Hoy, las respuestas parecen estar dominadas por los «me gusta» de las estrellas del rap o el pop, los deportistas, los actores o las estrellas de YouTube, las más confusas de todas.

Para ser claros, no digo que haya algo inherentemente malo con ejercer alguna de esas profesiones. No obstante, el hecho de que se hayan convertido en las aspiraciones más populares de la niñez tiene algo que decirnos sobre la cultura en la que nuestros hijos están creciendo. Nos dice algo importante sobre lo que ellos ven que *nosotros* —sus guardianes, sus guías— más valoramos.

Es posible que exista solo una multimillonaria veinteañera, pero hay literalmente miles de mujeres jóvenes tratando de emular la estética y la ética de las Kardashian en las redes sociales. Hace poco leí sobre la tendencia del patrocinio falso en Instagram, en la que las personas fingen presentar ciertos productos (como bolsos o incluso viajes a hoteles de lujo) cuando en realidad esas cosas las consiguieron con su propio dinero. Solíamos mirar con desdén a las personas que trataban de hacer pasar contenido pagado como algo de la vida real. Ahora basta con la *ilusión* de ser comprado para considerarse como símbolo de estatus. La idea es que si puedo convencerte de que alguien me dio dinero para publicitar su producto, tú pensarás que soy alguien importante.

Desde la caída de la humanidad, cada cultura ha caído en su propia versión de la mentira de que «el mundo es lo que haces de él». Hoy me siento instado a hacer una pregunta más profunda: «¿Vale la pena *lo que* hacemos de este mundo?».

HACER UN TRATO CON EL DIABLO

Más dinero es igual a más problemas. Esto no es solo la letra de una canción de Biggie («The Notorious B.I.G»). Es un principio cristiano.

La Biblia no habla de la riqueza como un pecado, pero sí habla de ella como una posesión muy precaria en lo espiritual. El mismo Jesús habló una y otra vez acerca de las dificultades que enfrentan los ricos para entrar al reino. Tal vez esto se encuentre mejor ejemplificado en la conversación con el joven rico (Mateo 19), que se fue triste después de que Jesús le dijera que vendiera todas sus posesiones y lo diera a los pobres. Estaríamos en un error si a partir de este episodio extrapoláramos que las personas no deberían ser ricas, pero estaríamos en lo correcto si extrapoláramos que si algo toma el lugar de Cristo como tesoro en nuestro corazón, debemos extirparlo, sin importar cuánto sangre.

La sensación de poder que se genera con la acumulación de bienes es tan antigua como la acumulación misma. Salomón reflexiona al respecto en Eclesiastés, advirtiéndoles a todos los que leen que perseguir la riqueza es como perseguir el viento. ¿Es eso lo que quieres hacer con tu vida?

«Creo que todos deberían volverse ricos y famosos y hacer todo lo que siempre habían soñado, para así ver que esa no es la respuesta». Esta línea por lo general se le atribuye al actor Jim Carrey, la cual tal vez provenga de pensamientos similares que compartió en una entrevista en la que promocionó una de sus películas.[2] Carrey no es el primero en sugerir tal cosa, pero aun así nunca les creemos. Pareciera ser que mientras más ganamos, menos tenemos realmente.

Entonces, si no le creemos a Dios en este aspecto ni tampoco a los ricos y famosos que han pasado por eso, que lo han hecho, ¿a quién le creeremos?

> Otra vez le llevó el diablo a un monte muy alto, y le mostró todos los reinos del mundo y la gloria de ellos, y le dijo: Todo esto te daré, si postrado me adorares. (Mateo 4.8-9)

En este pasaje encontramos la inspiración bíblica para el cuento mítico tradicional de hacer un pacto con el diablo. Tal vez la herencia artística de estas historias siempre vivas comienza con la leyenda de Fausto del Renacimiento alemán, a fines del siglo quince. Popularizada originalmente en la obra *La trágica historia del doctor Fausto* de Christopher Marlowe y convertida en mito una y otra vez en obras cómicas sobre la moralidad en los siglos subsecuentes, la historia muestra a Fausto mientras hace un trato comercial con el diablo. El doctor «vende su alma» a cambio de que el diablo le sirva por veinticuatro años.

Hemos tenido muchas variaciones actualizadas de la leyenda de Fausto. Una de las más conocidas que nace en el corazón de Estados Unidos es la leyenda folklórica sureña de principios del siglo veinte, la cual habla del (muy real) guitarrista de blues, Robert Johnson. Se dice que en la intersección cercana a la plantación de Dockery, en el estado de Misisipi, él le vendió su alma al diablo a cambio de convertirse en un gran músico. La leyenda está tan vinculada a la biografía de Johnson, que se ha ganado su propio multipárrafo histórico en la página de Wikipedia del músico y ha inspirado un sinnúmero de derivaciones, incluyendo una alusión en la película *¿Dónde estás, hermano?* de los hermanos Coen, una adaptación *country* occidental en la canción «The Devil Went Down to Georgia» [El diablo se fue a Georgia] de Charlie Daniels, y una nueva versión extraña de la década de los ochenta en la película titulada simplemente *Encrucijada*, protagonizada por Ralph Macchio.

Lo que resulta interesante de muchas de las nuevas versiones es el final. En la leyenda original, Fausto pasa veinticuatro años viviendo rodeado de vino, mujeres y canciones. Se hace rico, poderoso y se vuelve *experimentado*. Y cuando el pacto llega a su día final, Fausto, devastado, les advierte a sus amigos y su familia que se arrepientan y hagan un mejor uso del tiempo antes de que el diablo venga a reclamar lo que es suyo. De forma típica, el relato termina con su cuerpo desparramado cruentamente por toda su habitación y su alma atormentada en las llamas del infierno.

En las versiones modernas, el diablo siempre parece ser vencido. En la canción de Charlie Daniels, cuando Johnny resina el arco de su violín, se está preparando para derrotar a Satanás en una batalla de violines. Incluso Ralph Macchio, en *Encrucijada*, de alguna forma le gana al guitarrista del diablo, interpretado por el legendario guitarrista de rock Steve Vai, lo cual resulta tan improbable como que Macchio ganara todas las peleas en las películas de Karate Kid.

¿Te diste cuenta de lo que ha pasado? De alguna forma hemos cambiado la moraleja de todo este género de relatos. La moraleja solía ser esta: «No hagas tratos con el diablo, porque no hay ganancia del mundo que valga tu alma». Ahora la moraleja es esta: «Adelante, fraterniza con el diablo, porque eres más inteligente que él».

Así de idiotas somos. Y si no tenemos cuidado, en personas así de idiotas nos puede convertir la acumulación de cosas, ya sean posesiones, dinero o simplemente fama y éxito.

Esto se parece mucho a estar ebrio. Muchos hombres encuentran que su sensación de invencibilidad resulta engrandecida cuando se emborrachan. Todo se exagera, inclusive el ego. Se sienten más grandes de lo que son y actúan como tales. Sin embargo, en realidad se vuelven más lentos, más tontos y más vulnerables.

El dinero, la fama y las cosas son así. Mientras más tenemos, más seguros nos podemos sentir; pero si creemos en lo que dice la Biblia, más vulnerables espiritualmente somos en realidad. Es como si estuviéramos borrachos.

Mira, el diablo es muy bueno en lo que hace. No seguiría haciendo la misma oferta de ganancia mundana por milenios si no funcionara. Él sabe que sí. Funciona una y otra vez. Quiere que veas esos novecientos millones de dólares en manos de una celebridad inoperante y que te sientas avergonzado de ti mismo, y con envidia también. Quiere que tu alma sea barata y que las cosas de este mundo resulten valiosas. Quiere que hagas el trato.

Incluso quiere que pienses que eres muy inteligente como para caer en la trampa. Quiere que pienses que eres muy poderoso. A él le gusta que su presa se pavonee antes de destruirla.

DIOS NO TE RETIENE NADA

Cuando la serpiente tentó a Eva con la promesa de plenitud, belleza e ilustración, en esencia le estaba sugiriendo que Dios le prohibía el fruto porque quería dejar esas bendiciones para sí mismo. La afirmación real implícita de Satanás fue esta: «Hay algo que Dios no quiere darte».

Por lo tanto, según esta lógica, deberías conseguir lo que puedas mientras te sea posible, porque si quieres lograrlo en este mundo, será por tus propios medios. El mundo que Dios creó no es bueno, dice la mentira. Si quieres un mundo que satisfaga tus más profundos anhelos, debes hacerlo por ti mismo.

Me pregunto cuántas personas en su lecho de muerte se arrepienten de no haber buscado más dinero o más placer físico. Apuesto a que algunas sí, en efecto. Quizá muchas. Si crees que estás a punto de entrar en un gran vacío de inexistencia, es probable que te arrepientas de no haberte acostado con tu secretaria cuando tuviste la oportunidad o de no haber hecho ese viaje para apostar en Las Vegas. Nos gusta pensar que las personas moribundas solo se arrepienten de no haber arreglado sus problemas relacionales o de no haber pasado más tiempo con los hijos, pero muchas personas tienen por muy barata su alma incluso cuando es momento de entregarla.

Una vez compartí las buenas nuevas de Jesús con un hombre que moría de cáncer. Tal vez le quedaba una semana o dos de vida. Le expliqué que la gracia de Cristo podría cubrir una vida entera de rechazo hacia él si solo, por medio de la fe, el hombre moribundo lo buscaba en ese momento. Si se arrepentía de su pecado y confiaba en Jesús, recibiría vida eterna. «No», dijo él. No le interesaba. Explicó que había logrado vivir toda su vida hasta ese momento sin creer en Jesús, por lo que no veía motivo para hacerlo ahora.

Ahí yacía un hombre que se había hecho a sí mismo, esquelético y sibilante, en la cama de un hospital, moviendo su puño frágil contra el Dios que lo había creado hasta su último respiro.

He compartido las buenas nuevas de la gracia con muchas personas en el contexto de la muerte. Algunos han estado en su lecho de muerte, algunos han estado al lado del lecho de muerte de un ser querido, y muchos han estado en los funerales después del fallecimiento de alguien amado. Dado que lo que se encuentra en juego está visible tan inmediatamente, mi instinto me dice que el contexto intensifica la sensibilidad al anuncio del evangelio, que las personas incluso podrían estar dispuestas a «aceptar la oportunidad».

En lugar de eso, he notado bastante escepticismo e indiferencia. Mi teoría es que la mera incomprensibilidad de la gracia puede hacer tropezar a las personas. Hay testarudez, por supuesto, como la del hombre que acabo de mencionar, quien aparentemente no vio ningún beneficio en romper con su larga tradición de incredulidad. Sin embargo, hay algunos que —contemplando la idea de que un Dios santo perdonaría toda una vida de pecado y le lanzaría una cuerda salvavidas *eterna* a cambio de unas pocas horas, días o semanas de tímida fe— encuentran todo el asunto demasiado absurdo para creerlo. Tiene que haber una trampa, piensan. Y sea lo que sea, no se van a dejar engañar. No confiaremos en alguien si pensamos que no nos está diciendo toda la verdad, si sospechamos que nos están escondiendo algo.

Al reflexionar sobre el asunto de la muerte y de morir, el puritano Richard Baxter escribió: «Temo que *desconfiar* de Dios y mi Redentor haya influido demasiado en mis deseos».[3]

¿Conque Dios os ha dicho: No comáis de todo árbol del huerto? [...] sabe Dios que el día que comáis de él, serán abiertos vuestros ojos, y seréis como Dios, sabiendo el bien y el mal. (Génesis 3.1, 5)

La trampa es de Satanás. Logras que «sean abiertos tus ojos», pero pierdes tu alma.

Lo que se ha desatado a través de la catástrofe edénica es la codificación en nuestro ADN espiritual de una desconfianza irracional en el Creador y una adoración racionalizada de uno mismo.

«Serás como Dios». Eso es lo que perseguimos cuando buscamos lo que creemos que Dios nos ha retenido. Es un intento de conseguir justicia frente a un Dios injusto y así convertirnos en sus jueces. Se trata, lisa y llanamente, de idolatría.

Lo que el diablo le ofreció a Eva —¡quien ya era reina del mundo!— fue la entronización de sí misma por sobre Dios y contra Dios. «No es suficiente todo lo que Dios te ha dado, ¿cierto?», sisea. «Hay más para poseer, ya sabes. Quiere esconder de ti lo que solo él tiene. ¡Qué Dios más tacaño! ¡Qué miserable! No quiere compartir su deidad contigo. Bueno, se lo puedes demostrar. Te dio una voluntad, ¿por qué no usarla entonces? El fruto está justo aquí para que lo tomes. ¿Por qué lo puso justo ahí si no quería que lo tuvieras? Nadie te retiene ahora. Veamos qué pueden hacer ustedes del mundo sin estas terribles restricciones».

HACER TU PROPIA VIDA ES TRAICIONERO

«La vida es lo que haces de ella» resulta la misma mentira que «serás como Dios».

Vemos el desastre que causó este enfoque de la vida en un mundo caído desde el momento en que Adán y Eva comieron el fruto prohibido. Ellos pensaron que serían como Dios, que experimentarían una evolución en su estado de criaturas; en cambio, ese estado se degradó. Con visiones de poder absoluto en la mente, más bien se encontraron sudando mientras trabajaban una tierra dura y espinosa. Definitivamente, para nada parecidos a Dios.

Lo más cercano que tuvimos para crear vida nosotros mismos, concebir y dar a luz hijos, ahora se convierte en una prueba dolorosa.

El hijo primogénito, Caín, sí se asemeja a los dioses volubles del paganismo, abrumado por el resentimiento y el desprecio, asesinando a su hermano en un impulso de ira envidiosa.

La civilización que surge de las cenizas de la caída se torna tan corrupta que Dios la usa como ejemplo. «Ustedes no son dioses. YO LO SOY». Y al salvar a una familia, hace borrón y cuenta nueva con el diluvio del juicio.

La civilización que surge de las aguas del diluvio es tan corrupta que ellos hacen un ejemplo de sí mismos. Edificaron una torre hasta el cielo para hacer famoso su nombre (Génesis 11.4). Este es un tributo monolítico al yo. En ese momento, constituye el logro más grande de la raza humana, un monumento al poder y el poderío del hombre que se hace a sí mismo de todas partes.

Dios «descendió» para ver la torre (Génesis 11.5).

Visto desde la perspectiva del verdadero reino de Dios, toda esa fanfarronada de la raza humana para divinizarse a ella misma parece muy, muy débil. En su poema, «Ye Shall Be Gods» [Seréis dioses], tomado prestado de Génesis 3 por supuesto, así como también de Salmos 86.2 y Juan 10.34, Oscar Wilde plantea el surgimiento del hombre desde las ruinas postlapsarias hasta su pertinaz autocoronación. He aquí un fragmento:

El espíritu del hombre ha surgido
Y ha sido coronado como rey poderoso.
La gente ha salido de prisión

> Y ahora cantan las voces antes sin voz.
>
> Griten a gran voz, oh destronado y derrotado,
>
> Griten a gran voz por el debilitamiento del poderío,
>
> Por mucho tiempo fuiste temido y recibiste súplicas,
>
> Por mucho tiempo los hombres adoraron tu luz.[4]

El destronado, por cierto, es el Creador. Las cosas han cambiado en la historia revisionista de Wilde. El juzgado se ha convertido en juez y Dios se ha convertido en el derrotado. El poema es satánico. Sin embargo, no tan solo por invertir explícitamente las referencias al Creador y la criatura. Es satánico porque deifica a la criatura, la convierte en dios.

De manera similar, considera el poema «Invictus» de William Ernest Henley:

> Más allá de la noche que me envuelve,
>
> Negra como un pozo insondable,
>
> Doy gracias al dios que fuere,
>
> Por mi alma invicta.
>
> En las mortales garras de las circunstancias
>
> Nunca he gritado ni me he retorcido del dolor.
>
> Sometido a los golpes del destino,
>
> Mi cabeza está ensangrentada, pero erguida.
>
> Más allá de este lugar de cólera y lágrimas
>
> Donde yace el Horror de la sombra,
>
> Y aun así la amenaza de los años
>
> Me encuentra y me encontrará sin miedo.
>
> No importa cuán estrecha sea la entrada,
>
> Cuán cargada de castigos la sentencia,
>
> Soy el amo de mi destino,
>
> Soy el capitán de mi alma.[5]

Me disculpo por toda la poesía que hay en este capítulo, pero mencioné a Kylie Jenner al comienzo, así que es posible que me lo dejes pasar. Lo que intento demostrar es que la mentira de que somos «capitanes de nuestras almas» tiene una resonancia poética para dichas almas precisamente porque desean usurpar el puesto de Dios como rey soberano.

En otras palabras, la caída de la raza humana y nuestro pecado subsecuente no es simplemente un asunto de mal comportamiento, es nada menos que traición cósmica. Como escribió Dietrich Bonheofer:

> La Caída del hombre en la creación de Dios resulta tanto inconcebible como rotundamente inexcusable, y por lo tanto, la palabra «desobediencia» no es capaz de abarcar los hechos del caso. Se trata de una sublevación [...] Es una desviación.[6]

«La vida es lo que tú haces de ella» es el grito de batalla del insurrecto. El mismo resulta traicionero. Y lleva a la muerte.

LA INVENCIBILIDAD DE LA MANSEDUMBRE

Sin embargo, esto no significa que no hay empoderamiento para la humanidad, sino solo que no surge mediante la exaltación de sí misma. No proviene de creer la mentira de que Dios está reteniendo algo de nosotros, de que la vida que debemos tener puede ser obtenida solo por nosotros mismos.

Los falsos evangelios de la autorealización, la autoplenitud y la autorreivindicación buscan el poder donde no puede encontrarse o bien donde solo puede hallarse de una manera pecaminosa. En contrate con esto, Jesús declara: «Bienaventurados los mansos, porque ellos recibirán la tierra por heredad» (Mateo 5.5). Pablo dice: «Yo [...]

os ruego por la mansedumbre y ternura de Cristo» (2 Corintios 10.1) y «fuimos tiernos entre vosotros, como la nodriza que cuida con ternura a sus propios hijos» (1 Tesalonicenses 2.7).

¿Qué nos recomiendan ellos como plena disposición cristiana? Poder bajo control, supongo que podrías decir. Sin embargo, para ser más preciso, se trata de *la debilidad convertida en un arma*. La mansedumbre significa aceptar la debilidad humana, quizás incluso haciendo «alarde» de ella, no como un medio de autocompasión, sino como una forma de negarse a uno mismo. Y en un mundo que predica incansablemente la herejía satánica de la autodeificación, negarse a uno mismo crea el recipiente para el Espíritu victorioso de Cristo. La mansedumbre es la debilidad convertida en arma contra el espíritu de este siglo y el espíritu del anticristo, porque es la completa aceptación de la realidad de que la fortaleza de Cristo, la cual es omnipotente, se perfecciona en nuestra debilidad (2 Corintios 12.9).

Repito, no se trata de pasividad. No es falta de carácter. La mansedumbre cristiana es una humildad valiente que descansa en la seguridad espiritual de Cristo.

Mansedumbre significa no tener que decir la última palabra. Mansedumbre significa no considerar necesario opinar frente a cada aglomeración de comentarios e indignación en boga de la Internet, mucho menos desmentir en un archivo multimedia de cuarenta y cinco minutos cada uno de los puntos que se mencionaron. A la mansedumbre no le importa quedar mal, verse débil, ser mal juzgada o subestimada. A la mansedumbre no le preocupa que tú sientas el peso de eso, y por lo tanto lo haces.

De vez en cuando leo alguna diatriba masculina en contra de la feminización de la iglesia, explicando por qué los hombres no asisten a los servicios de la misma. Esto explica el surgimiento de experiencias eclesiásticas tribales alternativas, como las iglesias de «motociclistas» o «vaqueros». Estos hombres no toleran experiencias eclesiásticas que no se centren en sus propios sentimientos o experiencias. No se sienten lo suficientemente seguros para eso.

Resulta que el hombre hipermasculino es mucho más frágil de lo que pensábamos.

Él debe sentirse realmente incómodo con el Sermón del Monte. Porque solo los pusilánimes sentimentales caminan la segunda milla y entregan la camisa si les piden el abrigo. El macho alfa no puede entender la frase «bienaventurados los mansos».

Deberíamos agregar que el diablo odia la mansedumbre. Él no es manso y no alienta la mansedumbre en su presa inconsciente. La pasividad, sí. La mansedumbre, no.

Lo que el demonio desea de los cristianos es agresividad y egoísmo resuelto. Si el Gran Mandamiento es amar a Dios primero y a nuestro prójimo después, al enemigo le encantaría que todos nosotros solo estuviéramos atentos al «número uno». Alimentar nuestro orgullo es una estrategia de campaña clave para sus subalternos, porque «antes del quebrantamiento es la soberbia, y antes de la caída la altivez de espíritu» (Proverbios 16.18).

Al final, aquellos que creen tener bajo control sus vidas descubrirán que están en un erial de su propia invención.

¿Pero los mansos? Ellos vivirán para siempre.

SOLO SE TE DEBE UNA ÚNICA COSA

Varios años atrás, un pastor que conozco me ofreció un puesto en su iglesia de gran tamaño. Por teléfono, básicamente me dijo lo siguiente: «Jared, ¿cuál es tu trabajo soñado?».

Nunca nadie me había preguntado eso. Nunca me pareció factible. Nadie consigue su trabajo soñado realmente. Incluso si disfrutamos de lo que hacemos para ganarnos la vida, es raro considerar nuestro puesto o cargo como nuestro trabajo soñado. Sin embargo, me lo estaban preguntando, así que respondí. Describí algunas cosas que sentía alineadas con mis dones y experiencia. «¿Por qué?», pregunté finalmente.

«Porque quiero que vengas a hacer eso aquí».

Me sorprendí un poco. Comencé a considerar las posibilidades, cómo me estaría «graduando» de una iglesia rural pequeña de casi ciento veinte personas para embarcarme en una empresa urbana multicampus de miles de personas. Pensé en algunas de las concesiones que tendría que hacer, en algunas de las convicciones que tendría que suprimir. Para trabajar en ese ambiente, necesitaría romper algunas promesas que me había hecho a mí mismo y explicarles a los demás algunos cambios en mi filosofía ministerial ya divulgada. No obstante, nada de eso significaba que la oferta no fuera atractiva.

Sé que soy una persona extraña, pero comencé a imaginarme que se me mostraban todos los reinos del mundo bajo la cima de mi montaña y que me decían: «Todo esto puede ser tuyo…».

¡Por supuesto, mi amigo no era el diablo! Él simplemente estaba en sintonía con mi ministerio, valoraba mis dones y sentía que sería un aporte valioso para su equipo. Todavía agradezco su oferta, aunque la rechacé dándole las gracias.

Con los años he cedido en cosas muchísimo más significativas. Nunca me he sentido feliz de haberlo hecho.

Veo películas como *Fachada*, en la que Tom Cruise, como abogado contratado, es agasajado con vino y cenas por parte de un grupo poderoso, confabulado secretamente con la mafia. Él pasa de tener un apartamento destartalado y un auto chiquito a poseer una mansión enrejada y un sedán lujoso. Pienso en otra de esas derivaciones de Fausto, *El abogado del diablo*, en la que Al Pacino, el diablo, de manera similar eleva de categoría a Keanu Reeves, el abogado rural, y lo lleva a vivir a las riquezas de un ático de Nueva York.

Yo no tengo un auto lujoso ni vivo en una mansión. Comparado con la mayoría de la población del mundo, soy increíblemente rico; pero comparado con muchos de mis compatriotas de los suburbios, no tengo una vida que alcance a ser lo suficientemente indulgente. La verdad es que no aspiro a eso, aunque las escenas de esas películas me resultan atractivas. Me gustan las cosas bonitas. Creo que a veces sería agradable no tener que preocuparme por cómo pagar cosas como frenos dentales, gastos médicos inesperados y colegiaturas universitarias. Quiero que me agasajen con vino y comidas.

Es posible que el trato de Fausto no sea tan extravagante en tu caso. Quizá desees quedarte con un poquito de tus ingresos cada año y que el servicio de rentas internas no se dé cuenta de si falseas tu declaración de impuestos un poquito por aquí y otro poquito por allá. O tal vez tu pacto con el enemigo no tiene nada que ver con el dinero. Quizá tenga que ver con cómo justificas ver pornografía cada noche. Quizá se trate de cómo racionalizas el hecho de tomar atajos poco éticos en el trabajo. Quizá se refiera a tu glotonería al comer, con cada día siendo un «día descanso de la dieta» y cada comida poco saludable un premio que te das por todo lo que tienes que soportar.

Podría ser un pecado grande o uno pequeño, pero todo eso es de gran importancia. Todo eso se basa en la idea de que se nos *debe* algo. Conseguir lo que queremos es justo en cierto sentido, o al menos más cercano a lo justo que no conseguir nada.

Sin embargo, hay una única cosa que se nos debe: el juicio que intentamos evitar desesperadamente.

Dios dice: «No comas de ese fruto. Morirás».

El diablo dice: «Noticias falsas. Te lo mereces».

Nosotros decimos: «Bueno, sin duda que un poquito no hará daño».

Todos pecamos y hemos sido destituidos de la gloria de Dios (Romanos 3.23). Todos hemos hecho el pacto. En Efesios 2.2, Pablo dice que todos hemos vivido conforme al diablo.

Vivir como si la vida fuese lo que nosotros hacemos de ella es una mentira del abismo del infierno, que es lo que se le debe a cada uno de los que viven conforme a esta mentira. La condenación es lo único que se nos debe.

Y hay una sola forma de dejar de pagar lo que debemos.

NUESTRA VIDA ES LO QUE *ÉL* HACE DE ELLA

«La paga del pecado es muerte», escribe Pablo en Romanos 6.23. Este es el problema. Representa un gran alivio frente a lo que imaginamos que es el problema.

Ve a la librería más cercana que tengas y busca en la sección de autoayuda. Lo más probable es que sea una de las secciones más grandes de la tienda, quizá tan extensa como la de ficción. Lee detenidamente los títulos y subtítulos. Lleva un conteo mental de todas las ofertas que hacen y las lecciones que prometen. Propondrán una variedad de causas para nuestros problemas: la personalidad, la crianza, la familia, la dieta, la cultura, el trabajo, los miedos, la inseguridad. La lista podría seguir y seguir. Los problemas podrían estar afuera o «adentro», pero estoy dispuesto a apostar que ninguno de ellos resalta realmente el problema único y más peligroso que enfrentará cada ser humano que haya vivido alguna vez: somos, por naturaleza, pecadores que merecen la condenación del Dios santo al que hemos desobedecido.

Los problemas que ofrecen abordar los libros de autoayuda son numerosísimos. La solución que todos proponen es una. La solución eres *tú*.

Tú eres la solución a tus problemas, asevera la industria de la autoayuda. Es decir, la solución es primero este libro *en particular* o esta serie de conferencias en DVD o este plan de mercadeo principal o este seminario motivacional de fin de semana en un hotel. Sin embargo, todas esas cosas solo quieren ayudarte a implementar la mejora que *tú* eres capaz de hacer para desatar el poder que hay en *ti*.

«La vida es lo que tú haces de ella», dicen tanto la serpiente como el vendedor de aceite de serpiente.

Ellos entendieron mal el problema y la solución. El problema es el pecado. (El problema somos nosotros). Y dado que esto es verdad no tiene ningún sentido pensar que la solución puede encontrarse en nuestro interior. Debe encontrarse afuera de nosotros.

«Porque la paga del pecado es muerte, mas la dádiva de Dios es vida eterna en Cristo Jesús Señor nuestro» (Romanos 6.23). Resulta que, si el mundo va a ser puesto en orden, debe ser algo que el Señor haga.

Cada año trae una cosecha nueva de libros de autoayuda. Cada generación ve su propio conjunto de oradores motivacionales y predicadores de la prosperidad. Cada cultura desarrolla sus propias visiones utópicas. No obstante, aun así, el problema nunca desaparece. Solo descubrimos nuevas formas de cometer los mismos pecados de tiempos antiguos.

Necesitamos rescate. Necesitamos reconstrucción.

Después de que Adán y Eva cayeron, ellos estuvieron inmediatamente conscientes de su vergüenza y vulnerabilidad. «Nosotros lo arreglaremos», dijeron para sí. Así que se hicieron atuendos de hojas de higuera para cubrirse.

Cuando el Señor los llama a rendir cuentas, les avisa que la muerte que trajeron al mundo no se puede esconder tan fácilmente. Sin embargo, aun así, no desea dejarlos desnudos y atemorizados. En lugar de eso, los cubre con pieles de animales.

Quizá sea esta la primera instancia de la cobertura sacrificial, mucho tiempo antes de la institución oficial de los sacrificios del sistema levítico.

El Señor dice: «No puedes cubrirte a ti mismo, pero yo puedo y lo haré».

Para comprender la profundidad de la misericordia de Dios, debemos enfrentar sinceramente las profundidades de nuestra inmoralidad. En efecto hemos intentado llevar una vida hecha por nosotros mismos, en un mundo que se ha hecho a sí mismo. En efecto hemos causado un tremendo desastre. Separados de la gracia, transitamos en la muerte cada día infernal.

> Pero Dios, que es rico en misericordia, por su gran amor con que nos amó, aun estando nosotros muertos en pecados, nos dio vida juntamente con Cristo (por gracia sois salvos). (Efesios 2.4-5)

Él creó este mundo y lo hizo bueno (Génesis 1.31). No va a permitir que una banda de pecadores lo eche a perder. No, el mismo Dios que ha pronunciado la maldición en respuesta a nuestro pecado ha pronunciado una bendición en respuesta a la maldición. Ha enviado a su Hijo a vivir la vida perfecta que Adán no vivió, a obedecer perfectamente y sacrificarse perfectamente. Mientras que Adán y Eva buscaron «vivir para siempre» y entonces murieron, Jesucristo murió para que tuviéramos vida eterna.

Su resurrección, en cuerpo y gloria, constituye las primicias (1 Corintios 15.20) de las resurrecciones aún por venir para aquellos que confían en él. Y un día él volverá, escoltándonos a nuevos cielos y una nueva tierra (Isaías 65.17; 2 Pedro 3.13; Apocalipsis 21.1), donde sus criaturas redimidas puedan caminar en paz con él por toda la eternidad futura.

Este mundo es lo que hemos hecho de él. Una tierra maldita donde Satanás deambula libremente. Sin embargo, el mundo que anhelamos es aquel que el Señor está haciendo a través de su Hijo y su Espíritu.

El infierno estará lleno de hombres y mujeres que se hicieron a sí mismos.

Hay solo una cosa que te queda por hacer: niégate a ti mismo, toma tu cruz cada día, y síguelo (Lucas 9.23).

NECESITAS SOLTAR Y DEJAR QUE DIOS HAGA

*La vida superior, como se describe, es una quimera,
una fantasía que nunca nadie ha logrado comprender.*

—J. I. PACKER, INTRODUCCIÓN A *THE
MORTIFICATION OF SIN* DE JOHN OWEN

ES POSIBLE QUE NUNCA HAYAS OÍDO ACERCA DE LA teología de Keswick, pero es probable que escucharas algunas de sus afirmaciones doctrinales y consignas distintivas. Es probable que hasta hayas repetido algunas de ellas. Siendo a veces llamado el «movimiento de la vida superior», las enseñanzas prominentes de las convenciones de Keswick de fines del siglo diecinueve han influido en un sinnúmero de evangélicos durante los últimos cien años.

Keswick (que se pronuncia *kesic*; la *w* es muda) es un lugar, no una persona (pero si lo fuera, definitivamente su nombre sería

Alfred). Como ciudad mercantil de Cumbria, en Inglaterra, Keswick se convirtió en la sede de numerosas reuniones iniciadas por un cuáquero y un anglicano, influenciados por varias corrientes metodistas, pentecostales y de tipo renacentista en la iglesia. La teología de Keswick promovía el potencial del avance en la vida cristiana: una experiencia instantánea de santificación que llevaba a los creyentes serios a alcanzar el siguiente nivel en su discipulado.

Las primeras convenciones de Keswick eran organizadas en torno al proceso de este avance, durante el cual se les decía a los creyentes que confrontaran su crisis espiritual, activaran una experiencia de consagración y luego recibieran la llenura del Espíritu.

Esto puede sonar extraño para ti, pero la influencia del movimiento de Keswick ha llegado muy lejos. Dentro de los primeros proponentes se incluyen escritores de varios devocionales clásicos, como Andrew Murray y Hannah Whitall Smith, los misioneros Amy Carmichael y Hudson Taylor, y líderes denominacionales y pastores como D. L. Moody, R. A. Torrey, y el fundador de la Alianza Cristiana y Misionera, A. B. Simpson.

Si alguna vez has escuchado referencias a la «vida cristiana en victoria» o a «soltar y dejar que Dios haga», has escuchado ideas de Keswick. De hecho, la frase «suelta y deja que Dios haga», la cual será considerada en este capítulo, proviene directamente de la teología de Keswick... y contiene muchos de los problemas de esa perspectiva.

«Suelta y deja que Dios haga» suena bien. Tiene un cierto tipo de lógica para las personas con mentalidad espiritual. Probablemente todas las semanas vea esta frase, o alguna variante de la misma, en los comentarios de Facebook de algún amigo y familiar. Cada vez que alguien se encuentra en dificultades para tomar una decisión, está pasando por alguna agonía debido a una crisis, o se halla embrollado en un tiempo de duda o confusión, algunas personas religiosas bien intencionadas presentan la alternativa: «Solo suelta y deja que Dios haga».

Sin embargo, ¿a qué se refieren con eso?

En la superficie, «soltar y dejar que Dios haga» es una exhortación a rendir nuestra voluntad al Señor. Tomada con benevolencia, puede leerse como un llamado a arrepentirnos de nuestros planes egoístas y confiar en Dios. No obstante, nosotros ya tenemos ese tipo de lenguaje bíblico. Entonces, ¿por qué no decimos mejor «arrepiéntete y cree»?

Creo que es porque en realidad no nos referimos a «arrepentirnos y creer». Les decimos «suelta y deja que Dios haga» a personas que están luchando con algo, que están sufriendo. Esto es visto como una solución a un problema que está fuera de nuestro control.

—Pero, ¿qué *hago* para soltar? —puede preguntar el receptor del consejo.

—Bueno, solo suéltalo —responde el consejero.

—Sí, ¿pero cómo se hace eso?

—Dejando de controlar las cosas.

—Pero si ya dejé de controlarlas.

—No, estás tratando de controlarlas porque no las sueltas.

—¿O sea que no tengo que hacer nada?

—No, lo que tienes que hacer es soltar.

Si te sientes confundido, es porque es confuso. Lo que la teología de Keswick enseña es una división entre los cristianos «llenos del Espíritu» y los «carnales». Los cristianos llenos del Espíritu acceden a las bendiciones de una forma aparentemente automática, mientras que los cristianos carnales todavía siguen atascados «intentándolo».

En el mejor de los casos, «soltar y dejar que Dios haga» se trata simplemente de arrepentirse por preocuparse y estar ansioso en lugar de confiar en Dios en lo que respecta a nuestras preocupaciones. Esto es algo que la Biblia no solo permite, sino también ordena. No

EL EVANGELIO SEGÚN SATANÁS

obstante, sin un pensamiento bíblico detrás, «soltar y dejar que Dios haga» puede convertirse en una piedra de tropiezo para las personas que se encuentran en una lucha o en medio de una duda o confusión profundas, cosas para las cuales los clichés espirituales no sirven.

De esta forma, «soltar y dejar que Dios haga» como un medio de tener experiencias con el Espíritu se asemeja a la enseñanza que vemos en el movimiento evangelístico de la prosperidad acerca de la «salud y la riqueza». Primero, este supone que estar lleno del Espíritu se produce primeramente a través de experiencias de fortaleza o logros, en lugar de producirse por medio de la debilidad y el sufrimiento. El evangelio de la prosperidad tiene poca verdad que ofrecerles al pobre y al enfermo crónico, salvo que necesitan «tener más fe».

«Suelta y deja que Dios haga» promete un tipo de fórmula para avanzar en la vida a cambio de fe; por lo tanto, si no estás experimentando ese avance o logro, es porque no tienes una fe firme o una fe grande, o incluso es posible que no tengas fe en absoluto. No has «soltado». Esta serpiente doctrinal se come su propia cola y deja a los creyentes confundidos, heridos y diezmados espiritualmente. Nunca eres suficiente ni crees lo suficiente para llegar a ese nuevo nivel cada vez más elevado.

Puedes pensar que esto es mucho alboroto por nada. Tengo el gusto de decir que el movimiento de Keswick hoy ha pasado por un cambio significativo en su teología dominante y ahora está más alineado con los puntos de vista tradicionales de la santificación y más fundamentado en los pensamientos de la Reforma. El difunto John Stott tuvo mucha influencia en esta transición, y actualmente académicos y predicadores de teología sólida, tales como D. A. Carson, Sinclair Ferguson, Liam Goligher y Alistair Begg, hablan en las convenciones de Keswick.

Sin embargo, la teología de «soltar y dejar que Dios haga» sigue existiendo. Y aunque suena correcta, demostrará ser peligrosa. Nada menos que el titán de la doctrina J. I. Packer se vio una vez en peligro debido a este tipo de teología. Packer recuerda su lucha inicial con la escuela de Keswick hasta «finalmente consagrarse» a Dios y lograr una vida cristiana victoriosa:

En lugar de enfrenarnos a la tentación directamente (lo que correspondería a luchar con nuestras propias fuerzas), deberíamos entregársela a Cristo para que luche contra ella y mirarlo a él para que la haga desvanecer. Esa era la técnica de consagración y fe como yo la comprendía [...] el precioso secreto de lo que se llamaba una vida victoriosa.

Sin embargo, ¿qué sucedió? Raspé mi interior, hablando en sentido figurado, para asegurarme de que mi consagración era completa, y me esforcé por «soltar y dejar que Dios hiciera» cuando la tentación se hacía sentir. En ese tiempo, no sabía que Harry Ironside, a veces pastor de Moody Memorial Church, en Chicago, una vez se había llevado a sí mismo a un colapso mental de gran escala por tratar de llegar a esa vida superior de Keswick mientras yo intentaba hacerlo; no me habría atrevido a concluir, como he concluido desde ese entonces, que esta vida superior según se describe es una quimera, una fantasía que nunca nadie ha logrado comprender, y que aquellos que testifican de su experiencia en estos términos realmente, más bien inconscientemente, distorsionan lo que les ha ocurrido. Todo lo que sabía era que la vivencia que esperaba no venía. La técnica no funcionaba. ¿Por qué no? Ahora bien, debido a que esta enseñanza declara que todo depende de consagrarme completamente, yo tenía que ser el culpable. Así es que debía raspar mi interior otra vez para encontrar cualquier parásito de egoísmo no consagrado que todavía estuviera merodeando por ahí. Me volví bastante frenético.[1]

Y frenética es como ya está la mayoría de las personas a las que se les dijo que «soltaran y dejaran que Dios hiciera». Piensa en el dolor que esto puede causar en una conciencia delicada, en un creyente que ya es débil, que siente el peso de la condenación. Perseguir a este fantasma espiritual puede resultar igualmente agotador y desmoralizador.

Andy Naselli escribió la mejor evaluación concisa de la teología de Keswick. Su libro titulado *No Quick Fix* [Los arreglos rápidos no existen], es bastante meticuloso e incisivo a pesar de su relativa brevedad. Naselli tuvo sus primeras experiencias en el ministerio en una tradición eclesiástica devota a la teología de la vida superior, y si bien reafirma sin inconvenientes lo bueno de esa enseñanza —a saber, la seriedad con que se aborda la santidad y un enfoque devocional y vivencial de la vida cristiana— se toma en serio sus deficiencias. Según Naselli, el pensamiento representado por la teología de «soltar y dejar que Dios haga» se encuentra principalmente aquejado de estos diez problemas:

1. DISFUNCIÓN. Crea dos categorías de cristianos.
2. PERFECCIONISMO. Retrata una visión superficial e incompleta del pecado en la vida cristiana.
3. QUIETISMO. Hace énfasis en la pasividad, en la no actividad.
4. PELAGIANISMO.* Describe el libre albedrío del cristiano como una forma autónoma de iniciar y detener la santificación.
5. MALINTERPRETACIÓN BÍBLICA. No interpreta ni aplica correctamente la Biblia.

---

* El *pelagianismo*, llamado así a causa del monje del siglo cuarto Pelagio, sostiene que la naturaleza humana no está manchada por el pecado y que la voluntad humana es libre, sin ninguna ayuda de Dios, de pecar o no pecar. La iglesia declaró herejía al pelagianismo en el siglo quinto.

6. FALSA SEGURIDAD. Les asegura a los «cristianos» espurios que están salvados.

7. METODOLOGÍA. Usa fórmulas superficiales para lograr la santificación instantánea.

8. ADICCIÓN. Fomenta la dependencia en las experiencias que ocurren en reuniones de santidad especiales.

9. ABUSO. Frustra y desilusiona a los pobres o necesitados.

10. SESGO. Malinterpreta las experiencias personales.[2]

Ciertamente, estos son problemas graves, y varios de ellos están especialmente vinculados al mal consejo de «soltar y dejar que Dios haga». Sin embargo, el problema de esta consigna no es solo que resulta poco clara. No solo *le falta sustancia*. «Suelta y deja que Dios haga» es espiritualmente peligrosa y puede llevar a que cristianos inseguros saquen conclusiones que a nuestro enemigo le encantaría que sacaran.

¿Por qué al diablo le encanta la frase «suelta y deja que Dios haga»? Principalmente, porque es una frase superficial preparada para hacer que sigamos persiguiéndonos la cola y así distraernos de las cosas profundas de Dios que se encuentran bajo la presión de la aflicción. No obstante, también le encanta al menos por otras tres razones, las cuales examinaremos una a la vez. Los tres problemas principales del consejo «suelta y deja que Dios haga» son los siguientes:

1. Promete un supercristianismo que es imposible de alcanzar.

2. Plantea una doctrina de Dios que es débil y poco bíblica.

3. Promueve la pasividad en la vida cristiana que es esencialmente antinomismo.

EL CRISTIANISMO 2.0 NO EXISTE

Hace diez años escribí un libro titulado *Gospel Wakefulness* [Despiertos al evangelio], el cual sigue siendo el mejor resumen de toda mi filosofía ministerial. En su mayoría, ha sido bien recibido y hoy sigo hablando de los temas que se incluyen en el libro. Sin embargo, *Gospel Wakefulness* —tanto el libro como el concepto— no estuvo exento de críticas. La experiencia que he denominado «despiertos al evangelio» se refiere a la obra del avivamiento personal, al momento (o la serie de momentos, por lo general), en que un cristiano «despierta» a la importancia crucial de la obra terminada de Cristo. Para muchos de nosotros esto marca el momento en que nos damos cuenta de que las buenas nuevas de la gracia gratuita en Jesús son la base no solo de nuestra justificación, sino también de nuestra glorificación, y del poder diario de nuestra santificación cada día que tiene lugar en el intermedio. Esto tiene implicancias tremendas en cómo vemos el discipulado, la santidad e incluso la predicación y la enseñanza.

Mi amigo Trevin Max, quien generosamente proveyó un comentario en la sección de elogios de *Gospel Wakefulness*, no tuvo problemas para compartir su preocupación al respecto.[3] La mayor preocupación de Trevin es que propone un cristianismo de dos niveles, dividiendo a las personas entre «adormiladas» y «despiertas». La idea levanta el fantasma de la teología de Keswick, la cual asevera que existen esencialmente tres categorías de personas: las no creyentes, las creyentes carnales y las creyentes llenas del Espíritu. Trevin preguntó si el concepto de estar despierto al evangelio era mi propia versión de la experiencia de una «segunda bendición», similar a la que se encuentra en el pensamiento de la vida superior, o inclusive una experiencia del «bautismo en el Espíritu» como aquella que se motiva a tener en muchos círculos pentecostales y carismáticos.

Al igual que a mi amigo Trevin, me preocupa la supuesta división de creyentes entre carnales y espirituales. Recuerdo haber sido testigo de la confusión y el conflicto desatados por el llamado debate de la salvación por señorío de finales de los años setenta y principios de los ochenta. No tengo ningún interés en animar la aparición de algún tipo de fe de nivel universitario que pueda mutar fácilmente en una división entre cristianos supuestamente de verdad y cristianos falsos. Porque así ocurren comúnmente estos tipos de categorizaciones. Y comúnmente son los santos bondadosos, convencidos y genuinos los que sienten el embate de esta división, temiendo por la veracidad de su *propia* salvación.

Uno de los principales énfasis de mi libro acerca de estar despiertos al evangelio es que la experiencia del avivamiento personal trae como resultado no solo buscar un plano superior de la existencia espiritual, sino también contemplar y beber las riquezas inconmensurables de Cristo que están disponibles por completo para todo creyente, despierto o no, porque Cristo es el grande, no nosotros. En el libro escribí:

> Tu justificación no es menor en el momento de tu salvación que diez minutos o diez años después, pero la rapidísima velocidad de la santificación que viene por estar despierto al evangelio puede hacerte sentir que sí lo es. Lo que intento decir es que el sacrificio de Cristo en la cruz y su resurrección de entre los muertos son lo suficiente grandes, lo suficiente grandiosos y suficiente eternos para cubrir tu vida cristiana de mala calidad, asumiendo por supuesto que crees.
>
> De hecho, este es el sentido del evangelio: es la obra de Cristo la que salva, no lo tuya. Ten cuidado, entonces, de no atribuir tu pecaminosidad continua o tus momentos de depresión a una falta de salvación. En primer lugar, a las personas

que no son salvas de verdad no les preocupa si lo son o no; la ansiedad que sientes por ese asunto es evidencia de un corazón que ha nacido de nuevo. Sin embargo, por otro lado, esto solo te tenderá una trampa para tener más problemas después, porque las personas despiertas al evangelio no dejan de pecar tampoco. Si la medida de tu perfección es la medida de tu seguridad, siempre serás un cristiano cobarde y temeroso.[4]

«Suelta y deja que Dios haga» como un solucionador de problemas es una forma de sugerir que la fe es un campo de fuerza contra los problemas. Cuando les decimos «suelta y deja que Dios haga» a los que se encuentran luchando, debemos tener cuidado de no estar sugiriéndoles que no se hallarían pasando por ese tipo de cosas si fueran cristianos más fuertes. «Suelta y deja que Dios haga» puede inadvertidamente promover la idea de que hay cristianos, y luego hay *cristianos*.

Los cristianos 2.0 no existen. Todo creyente en Jesús —ya sea nuevo o antiguo, inmaduro o experimentado, débil o fuerte— ha recibido toda bendición espiritual en Cristo (Efesios 1.3). Todo creyente está completa e inextricablemente unido a Cristo por toda la eternidad. No hay nada a medias. Cada cristiano está justificado total y gratuitamente para siempre. A este respecto, nadie es superior ni más avanzado que otro. El cristianismo no es cienciología. No es una estafa piramidal.

Al igual que aquellos dentro de la controversia del señorío, quienes aseveran (equivocadamente) que uno puede recibir a Cristo como Salvador pero no como Señor, los cristianos que siguen «la vida cristiana victoriosa» no solo distinguen la justificación de la santificación, sino que también, en un sentido, las convierten en completas dicotomías, como si pudieras tener la primera sin la segunda. Aquí vuelve a aparecer Andy Naselli:

La teología de la vida superior separa cronológicamente la justificación de la santificación progresiva, enfatizando una crisis de consagración que ocurre en un momento *posterior* a la justificación y posibilita el inicio de la santificación progresiva. Eso, en esencia, divide a Cristo como alguien a quien las personas pueden «aceptar» como justificador (o Salvador) sin «aceptarlo» como su santificador (o Señor).

No obstante, el Nuevo Testamento enseña que desde el momento de la justificación, la santificación progresiva es vivencialmente real para todos los cristianos (no meramente potencial o posible). Es imposible que un cristiano sea justificado sin vivir, al mismo tiempo, la santificación progresiva. Ese tema se destaca de manera preponderante en Romanos 5–8.[5]

Ahora bien, ¿por qué el diablo daría un centavo por este extraño debate teológico? ¿Es porque le gusta que los cristianos discutan de teología? Bueno, solo si el lado equivocado parece estar ganado la discusión. No obstante, la razón por la que el diablo está interesado en este debate, y por la que estoy convencido de que probablemente lo atiza en el corazón de muchas iglesias, es porque genera división. Es más, crea división entre el pueblo de Dios al alimentar el orgullo de un lado y la inseguridad del otro.

Si Satanás no puede mantenerte alejado de la salvación, dará lo mejor de sí para socavar y esconder el evangelio que te salvó, haciendo que sientas una exagerada confianza en ti mismo o desconfíes de Dios. Ambas disposiciones hacen que el evangelio se vea pequeño y subsecuentemente pueden impedir que más personas crean.

«Suelta y deja que Dios haga» como consejo para las personas que están pasando por alguna lucha supone que hay una experiencia cristiana de un nivel superior esperando que descifremos el código de fe. Al igual que Luke Skywalker observaba el pantano tratando de usar sus sentimientos para levantar el Ala-X, no estamos muy seguros de cómo lograr algo tan grande haciendo tan poco. ¿Tenemos que pensar mucho en eso? ¿O mejor no pensamos nada? ¿Nos concentramos? ¿O vaciamos la mente?

A nuestro enemigo le encantaría sacarnos de la comodidad que podríamos tener al saber que sin importar cuáles sean nuestras dificultades, ya estamos cerca de Dios a través de la unión con su Hijo por medio de la fe, y le encantaría llevarnos a la inseguridad que proviene de preocuparnos constantemente por si nuestra fe es lo suficiente fuerte. La manera más efectiva de socavar tu certeza es seguir midiéndola. Y la mejor manera de socavar tu confianza en la justificación es comenzar a sostener tu santificación bajo la luz imaginaria del supercristiano.

A aquellos que han tratado de «soltar y dejar que Dios haga» no les ha tomado mucho tiempo soltar el proceso completo, porque lo han encontrado fútil y generador de ansiedad. «Suelta y deja que Dios haga» es una mentira que irónicamente te hace sentir más lejos de Dios, no más cerca.

Sin embargo, hay un motivo por el cual el diablo es asiduo a esta fe estilo galleta de la fortuna, y tiene que ver con la visión que promueve de Dios.

NOSOTROS NO «DEJAMOS» A DIOS HACER NADA

Uno de los primeros proponentes de la teología de Keswick escribió una vez: «Los cristianos necesitan no pecar, y si le permiten al Espíritu Santo "operar invariablemente", no pecarán».[6] En esta sola oración existen varios problemas, en particular porque representa, nuevamente, un malentendido fundamental sobre cómo funciona la santificación en la vida del cristiano. Otro problema es la idea de que los cristianos pueden alcanzar el punto de dejar de pecar (o casi dejar de hacerlo). No obstante, un gran problema que se esconde detrás de los otros es aquel que se repite en un sinnúmero de sermones, libros, publicaciones en las redes sociales e incluso canciones cristianas. Es la noción de «dejar que Dios haga».

Debemos permitir que «el Espíritu Santo opere», dice W. H. Thomas.

No sé si lo notaste, pero esto suena muy parecido a como si el Espíritu Santo fuera nuestro sirviente, un tipo de mayordomo cósmico, más que —ah, no sé— la tercera Persona de la Trinidad y por lo tanto nuestro *Dios*.

Me dan escalofríos cuando me encuentro con un lenguaje como este, lo cual es mucho más frecuente de lo que me gustaría. Los cristianos que deberían ser sensatos habitualmente comienzan sus afirmaciones con frases como «Dios no puede...» o «Dios necesita que...». Se nos dice que debemos «dejar que Dios» haga todo tipo de cosas antes de que nos pueda guiar, bendecir, recompensar y así por el estilo.

Ante todo esto, podemos decir que cualquier dios que necesite que lo activemos no es para nada un dios.

Dios dice: «He aquí que yo soy Jehová, Dios de toda carne; ¿habrá algo que sea difícil para mí?» (Jeremías 32.27). Él no necesita nuestra ayuda. Y no necesita nuestro permiso.[7]

Una razón de que la serpiente quisiera que Adán y Eva elevaran la concepción que tenían de sí mismos a un estatus de divinidad es que desea implícitamente degradar al verdadero y único Dios a un estatus humano. A Satanás le encanta el lenguaje de «deja que Dios haga», porque le encanta la idea de un Dios deficiente. Él apoyará cualquier doctrina de Dios que sea débil y poco bíblica.

El verdadero Dios es soberano sobre todo. Si no hace algo, es porque básicamente ha sido su voluntad no hacerlo. Las bendiciones que recibimos en respuesta a la honra que le damos a Dios están ya predestinadas. Incluso la fe que ejercemos para recibir su salvación, la cual fue hasta ese entonces retenida, es un don de Dios (Efesios 2.8). Y contrario a la enseñanza de la vida superior, el poder que necesitamos para buscar la santidad, elegir obedecer y participar en nuestra santificación es concedido completamente por la gracia de Dios.

En Colosenses 1.29, Pablo escribe: «Para lo cual también trabajo, luchando según *la potencia de él*, la cual actúa poderosamente en mí» (énfasis añadido). Y cuando en Filipenses 2.12 él dice: «Ocupaos en vuestra salvación con temor y temblor», agrega: «Porque *Dios* es el que en vosotros produce así el querer como el hacer, por su buena voluntad» (2.13, énfasis añadido).

Aún así, el lenguaje de «dejar que Dios haga» se sigue usando. Al hacer una simple búsqueda en Google de una frase incompleta como «deja que Dios» y «Dios no puede bendecirte a menos que...», encontramos resultados inquietantes en abundancia, incluyendo aquellos de líderes evangélicos de alto perfil y de fuentes cristianas confiables.

Esto suena a verdad. Sin embargo, ¿por qué es así? Suena a verdad porque hemos llevado de contrabando una espiritualidad del tipo causa y efecto hacia nuestro pensamiento cristiano, la cual es más parecida a la idea del karma y malentiende burdamente que Dios declara el fin desde el principio y hace todo lo que quiere (Isaías 46.10).

El evangelio según Satanás busca destronar al verdadero Soberano y entronar a los súbditos. Y todo el consejo del verdadero evangelio constituye el antídoto correcto contra el pensamiento de «soltar y dejar que Dios haga», porque solo el evangelio nos recuerda que Dios es soberano sobre nosotros y nuestras circunstancias —inclusive sobre nuestras buenas obras (Efesios 2.10)— mientras que al mismo tiempo nos faculta para esas buenas obras.

Todo esto nos lleva al tercer problema importante de «soltar y dejar que Dios haga».

EL EVANGELIO NO SE OPONE AL ESFUERZO, SINO A QUE NOS LO GANEMOS

La noción del quietismo de «soltar y dejar que Dios haga» promueve una pasividad en la vida cristiana que es esencialmente antinomia.* La idea cliché de «soltar» lleva a los cristianos a abstenerse de su rol en obediencia activa y continua a la ley de Dios. En efecto, el pensamiento de la vida superior, si bien se preocupa ostensiblemente de vivir un cristianismo serio y no carnal, nutre un cristianismo carnal al motivar a la pasividad en su aspiración a la santidad.

Esta es, en efecto, una mezcla extraña. La teología de Keswick tiene su origen en el metodismo y otras formas de perfeccionismo. Uno pensaría que el énfasis en la santidad y la vida cristiana victoriosa crearía legalismo. Sin embargo, al posicionar el fulcro de guardar la ley como «hacer menos», «soltar» o —como muchos maestros de la vida superior son propensos a decir— «confiar en Dios en lugar de intentar», el sistema operativo de la teología de Keswick es funcionalmente antinomia.

Hoy no se enseña mucho la forma oficial del antinomismo en la iglesia, pero vemos sus sombras sobre el pensamiento cristiano, incluso dentro de algunos círculos evangélicos populares. Últimamente, el antinomismo se ha convertido en la teología de fondo dominante en el llamado movimiento de la hipergracia que alberga a algunos luteranos radicales y algunos tipos de neorreformados. Muchos de estos sujetos son asiduos a decir que los verdaderos antinomios no existen, que el antinomismo es simplemente una especie de «viejo del saco» creado por legalistas de facto (por

---

* *Antinomia* es solo la forma elegante que los nerd de la teología usan para decir que algo está «contra» (anti) «la ley de Dios» (nomos). La iglesia declaró al antinomismo como herejía.

supuesto) que tienen miedo de aceptar la marca distintiva de la Reforma, *sola gratia* («solo por gracia»). No obstante, desde luego que dirían eso. El antinomismo, usualmente, se expresa en un tipo de prestidigitación doctrinal.

Puedes ver las sombras de este pensamiento cuando alguien sugiere que los mandamientos de las Escrituras no son tanto mandamientos como «invitaciones». El escritor Tullian Tchividjian es un ejemplo de alguien que considera los imperativos (cosas que se nos ordenan hacer) de esa manera. Esto lo hace parecer una lectura bíblica confusa, como si Jesús y los apóstoles fueran incapaces de decir lo que realmente querían decir. Cuando Jesús declara «ve y no peques más» o «ve y haz lo mismo», se nos dice que en realidad él no quería dar a entender que obedeciéramos, sino más bien que viéramos que no podemos obedecer. Es como si cada mandamiento de las Escrituras fuese un truco mental invertido jedi o una versión espiritual de psicología inversa.

Esto es antinomismo porque abandona el llamado tercer uso de la ley. Tradicionalmente, el cristianismo de la Reforma ha sostenido que los mandamientos bíblicos sirven en tres funciones o usos:

1. COMO FRENO. La ley restringe el pecado como modelo y guía tanto para los cristianos como para los no cristianos. Podemos ver cómo la ley sirve de contención en su aplicación a las leyes de las naciones y municipalidades.

2. COMO ESPEJO. La ley refleja nuestra propia falta de rectitud a medida que nosotros mismos nos vemos en su reflejo. Es un estándar que, de frente a nosotros, ilumina la realidad de nuestra inmoralidad y nuestra incapacidad de obedecer a la perfección.

3. COMO GUÍA. La ley nos sirve como instrucciones, órdenes confiables que toda persona está obligada a obedecer.

El antinomismo reafirma el segundo uso de la ley, pero ignora eficazmente el tercero. Así, cada mandamiento se transforma en un mero recordatorio de nuestra incapacidad para obedecer a la perfección, y por insinuación en un estímulo para no molestarnos en intentarlo.

El argumento del antinomismo es que la gracia es defendida. Sin embargo, en realidad la gracia se abarata, porque no es imaginable que la gracia tenga el poder tanto de facultar nuestra obediencia sincera como de proteger nuestras almas fieles de equiparar nuestra obediencia con la salvación que estamos «procurando». No obstante, como nos ha recordado Dallas Willard: «La gracia no se opone al *esfuerzo*, sino que se opone a que la *ganemos*».[8]

La verdad es que podemos confiar en que la gracia llegará hasta el final. Podemos obedecer a Dios (por gracia) y procurar la santidad (por gracia) como una consecuencia de la justificación (por gracia) que ya hemos recibido.

«Soltar y dejar que Dios haga», a pesar de su supuesta preocupación por evitar la carnalidad, funciona como una visión esencialmente antinomia de la espiritualidad cristiana, ya que anima a los creyentes a ser pasivos en la búsqueda de la santidad. En respuesta directa a la idea de que debemos solo «soltar y dejar que Dios haga», el difunto y grandioso R. C. Sproul dijo:

Debemos estar activamente vinculados, sin esperar tranquilamente que Dios lo haga por nosotros, pero al mismo tiempo sin depender de nuestras propias fuerzas y nuestras propios recursos, dándonos cuenta de que se trata de una operación sinérgica, una empresa cooperativa. Yo estoy trabajando. Dios está trabajando. Y Él trabaja a través de los medios. Esos medios de la gracia que nos ha dado para ayudarnos en nuestra santificación: la oración, la Biblia, el estudio, la adoración, la comunión con los hermanos, el testimonio y el servicio. Esos son los medios de la gracia ordinarios. Sin embargo, ya sabes, somos haraganes y queremos que la santificación ocurra en tres pasos. Pero no. Todo el proceso de la santificación es una empresa de diligencia y compromiso que dura toda la vida, donde hacemos uso de todos los medios que el Señor nos ha dado. Por lo tanto, es el cristianismo del haragán el que dice que me recostaré y dejaré que Dios lo haga por mí.[9]

Esta es otra razón más por la que «suelta y deja que Dios haga» constituye el evangelio según Satanás: trunca el evangelio que el diablo odia y viola los mandamientos claros de obedecer, los cuales el diablo también aborrece.

Si alguien te dice que solo tienes que «soltar y dejar que Dios haga», cuídate de no estar recibiendo una espiritualidad deformada espiritualmente. Este es un sentimentalismo religioso que puede provenir de la lengua bífida del mismo diablo. «Suelta y deja que Dios haga» hace un reclamo de altruismo —de apartarnos del camino— pero en realidad causa que nos enfoquemos en nosotros mismos y nuestro desempeño en lugar de enfocarnos en la cruz poderosa y en la suficiencia de la obra terminada de Cristo. Con el fin de fastidiar a este diablo hasta el infierno, la obra de Cristo será nuestro centro de atención en los capítulos finales.

LA CRUZ NO TIENE NADA QUE VER CON LA IRA DE DIOS

Un Dios sin ira trajo al hombre sin pecado a un reino sin juicio, mediante la ministración de un Cristo sin una cruz.

—H. RICHARD NIEBUHR, *THE KINGDOM OF GOD IN AMERICA*

LA IDEA PARA ESTE LIBRO PROVINO DE OTRO LIBRO que encontré por casualidad. Un día estaba repasando detenidamente la sección de religión de la librería Barnes & Noble y ahí, entre la mezcolanza literaria de ortodoxia, herejía y moralismo inspiracional, un título captó mi atención.

Mentiras que creemos sobre Dios es un libro de William Paul Young, escritor de la novela *La cabaña*, la cual ha sido un enorme *best seller*. Intrigado, lo saqué de la estantería y lo entreabrí. Ni siquiera sabía que Young publicaba libros de no ficción. Confieso no haber podido terminar al menos dos capítulos de *La cabaña*, así que nunca llegué a todas las partes en que Young supuestamente reinventa la Trinidad y esas cosas. Simplemente no disfruté su estilo de escritura. No obstante, este libro se veía corto y conciso, y abordaba una necesidad real del mundo: corregir los malos entendidos que existen acerca de Dios.

Sin embargo, cuando miré la página del índice, comencé a entender por qué todas esas acusaciones de heterodoxia que se le habían hecho a Young debido a *La cabaña* podrían no haberse tratado de exageraciones. Los temas de los capítulos, cada uno de ellos una supuesta mentira sobre Dios, incluían afirmaciones que, dependiendo de cómo las mires, podrían tratarse de ideas equivocadas evidentes: cosas tales como «Dios es un mago» o «La muerte es más poderosa que Dios». No obstante, otros temas que Young enlista como mentiras definitivamente no lo son. He aquí una muestra:

- Dios está a cargo.
- Dios no se somete.
- Dios quiere ser una prioridad.
- Necesitas ser salvado.[1]

Para ser claros, estas son afirmaciones que extraje del libro de Young palabra por palabra, las cuales él clasifica como mentiras. Aun así, cada una de ellas es una verdad valiosa que toda persona debería conocer.

Mientras hojeaba el libro y leía detenidamente algunas de sus razones para categorizar afirmaciones verdaderas como mentiras, el contexto de los capítulos no me ayudó mucho. Cada capítulo es muy corto, por lo que no hay mucho espacio para los matices, pero lo que ahí se expresa con claridad es ciertamente malo.

Pensé para mí: *Si el diablo escribiera un libro sobre Dios, podría ser uno igual a este.* Y, ¡voilá!... así nació la idea de escribir *El evangelio según Satanás.*

He decidido no escribir este libro desde la perspectiva de Satanás por dos motivos. Uno, alguien ya lo hizo y no soy C. S. Lewis. Dos, no me resultó para nada agradable la idea de intentar asumir el estado mental del diablo, tratando de pensar las ideas bíblicas a la inversa para escribir todo un libro. Me sentía agotado de solo pensarlo, y supuse que la experiencia resultaría probablemente más que un poquito deprimente desde el punto de vista espiritual.

No obstante, quería exponer explícitamente las afirmaciones y argumentos que incluso muchos cristianos expresan hoy y suenan a verdad, pero no lo son. Es vital que todo seguidor de Jesucristo aplique *lo que Dios de verdad dijo* a toda afirmación sobre lo que Jesús realmente declaró. Esa es una razón por la que he incluido tantas referencias a las Escrituras. Los expertos editoriales a menudo afirman que las mismas distraen y desmotivan a los lectores casuales. Todo bien con eso, pero este tema no es de los que se deben tomar casualmente. Vale la pena estar alertas ante las mentiras del diablo. Por lo tanto, he incluido el mayor número de versículos bíblicos que puedo para «mostrar mi trabajo» y para que veas de dónde saco mis afirmaciones sobre Dios y sus buenas noticias, y que así determines si represento justamente lo que Dios dice en su Palabra.

Young no cita mucho las Escrituras. Hay una pizca de versículos bíblicos, uno por aquí y otro por allá, pero él escribe en gran medida empleando clichés y argumentos plausibles. Los capítulos que más me sorprendieron de *Mentiras que creemos sobre Dios* fueron aquellos que abordaban el tema de la expiación, es decir, lo que Jesús logró espiritualmente con su muerte.

- El infierno es la separación de Dios.
- El pecado nos separa de Dios.
- La cruz fue idea de Dios.

Según Young, todas estas afirmaciones son mentiras. Por si acaso, incluye un capítulo adicional titulado «Dios requiere el sacrificio de los niños», un intento descarado de ponerse en contra de la idea de que Jesús satisfizo la ira de Dios en la cruz.

Usar el título de «Dios requiere el sacrificio de los niños» en un capítulo que asevera que el punto de vista sobre la expiación penal sustitutoria es una mentira viene a ser un poquito parecido a la antigua trampa: «¿Cuándo dejaste de golpear a tu esposa?». *Por supuesto,* Dios no exige sacrificar a los hijos. Por supuesto que eso no es cierto. ¡Pero tampoco lo es la idea de que la sustitución expiatoria es un sacrificio filial! Young escribió:

> ¿Cómo interpretaríamos nosotros los religiosos este sacrificio? Diríamos que fue Dios quien mató a Jesús, sacrificándolo para apaciguar su sanguinaria necesidad de justicia.[2]

Y luego:

> Una de las narrativas sobre Dios dice que, debido al pecado, Dios requirió el sacrificio de los niños para apaciguar su sentido de justa indignación y su furia santa, siendo Jesús el máximo sacrifico filial.[3]

Esta es la caricatura de la expiación penal sustitutoria que Young sostiene torpemente para poder echarla abajo torpemente. Al referirse a un Dios sediento de sangre que necesita apaciguar su sentido de justa indignación, Young quiere que los lectores piensen que él está haciendo una distinción entre un Dios misericordioso y lleno de gracia y la concepción pagana de una deidad caprichosa. No obstante, en lugar de eso, él disminuye la santidad de Dios, le resta importancia a la gravedad del pecado y descarta el lenguaje bíblico que se utiliza para describir cómo Dios se relaciona con los hombres.

¿A quién más se parece todo eso?

EN RESPUESTA AL HORROR DE LA CRUZ

Mi intención no es seleccionar a Paul Young como blanco fácil. ¡Debería agradecerle por haber servido de inspiración para este libro! Sin embargo, él representa la creciente inquietud que existe en el mundo evangélico con respecto a los conceptos de un Dios de ira y una cruz de la propiciación.* Principalmente en las tribus cristianas progresistas e inclusive posevangélicas, cada vez más creyentes escuchan a escritores y pastores que niegan la expiación penal sustitutoria y, como Young, se refieren a ella con el peor lenguaje imaginable, diciendo cosas como esta: «Creer en la expiación penal sustitutoria es ser adorador de un dios sediento de sangre que viola sus propias leyes contra el sacrifico filial con el fin de cometer abuso y asesinato cósmicos contra su propio hijo».

Bueno, ¿eso es todo?

---

* El concepto de *propiciación*, por lo general, se refiere a «un pago que hace favorable al receptor». En relación con la visión bíblica de la crucifixión de Cristo, la propiciación se refiere al concepto de la muerte de Cristo en la cruz como forma de satisfacer la ira de Dios que se les debe a los pecadores. Jesús tomó nuestro lugar, ofreciéndose como *sustituto*, y recibiendo así sobre sí mismo el *castigo* por nuestro pecado. Por lo tanto, el punto de vista de la «sustitución penal» de la expiación hace referencia a que Cristo recibió el castigo por nuestro pecado para que Dios nos mirara de manera favorable.

Durante los últimos años, he notado que esta visión ha venido ganando más espacio en el mercado evangélico e incluso entre varios círculos de ministerios que alguna vez consideré amigos de igual pensamiento. Negar la expiación penal sustitutoria se ha convertido en algo común entre los cristianos más jóvenes de izquierda, los frecuentemente llamados evangélicos progresistas que escuchan voces como Brian Zahnd, Pete Enns o Richard Rohr.

Un par de años atrás, después de haber hablado sobre la cruz en una universidad cristiana, se me acercó un joven a inquirir sobre mis puntos de vista sobre la ira de Dios y el sacrificio de Cristo.[4] Yo no había dado una charla sobre la sustitución penal ni hecho una digresión detallada acerca de los pormenores de la doctrina de la propiciación. Me había expresado con claridad solo sobre las buenas nuevas de que Jesús había cargado con el castigo por el pecado en la cruz para que la disposición de Dios hacia aquellos que creyeran en él no fuera de condenación, sino de vida eterna. Hasta ese momento no se me había ocurrido que el mensaje pudiera resultar controversial *entre cristianos profesos*.

Mi nuevo amigo expresó aversión por la idea de un Dios con ira. Usó palabras como «sanguinario» y «abuso infantil». Él no solo prefirió priorizar otras facetas de la expiación, sino que repudió la sustitución penal.

Este es un punto importante que considerar, porque casi todos los partidarios de la expiación penal sustitutoria que conozco no niegan la existencia de otras facetas de la obra expiatoria de Cristo. Entre estas se incluyen puntos de vista como los siguientes:

1. CRISTO VICTORIOSO: la obra expiatoria de Cristo en la cruz tenía el fin de destruir los poderes del diablo, el pecado y la muerte, derrocar a Satanás y sus maquinaciones y conquistar la muerte.

2. RESCATE: la obra expiatoria de Cristo paga la deuda para rescatar a las almas humanas de la esclavitud (dependiendo del punto de vista, de la esclavitud a Satanás, el pecado o el Padre).

3. MODELO MORAL: la obra expiatoria de Cristo sirve como un ejemplo de sacrificio desinteresado, deshaciendo el egoísmo del pecado y proveyendo un modelo para que los pecadores vivan una vida piadosa.

Es cierto que algunos partidarios de la sustitución penal parecen no estar conscientes de estas otras facetas de la expiación, y a sabiendas o no parecen agruparlas todas en la expiación penal sustitutoria. Sin embargo, pocos creen que esta última corresponda a toda la obra expiatoria de Cristo. En mi libro, *Gospel Deeps*, dedico un capítulo a la expiación penal sustitutoria, no con la intención de equipararla con toda la obra expiatoria de Cristo, sino como una forma de argumentar que la expiación penal sustitutoria debería ser el primer «principio distintivo» de nuestro pensamiento.[5] Yo y otros partidarios reformistas estamos a favor de una visión sincrónica y multifacética de la cruz de Cristo.

El estudiante universitario que criticó mi presentación del evangelio puede que haya estado a favor de un enfoque como ese también, pero para él no había espacio en la sinfonía cruciforme para la parte «penal» de la sustitución penal. Muchos detractores de la expiación penal sustitutoria dicen: «Cristo fue nuestro sustituto, pero no recibió la ira de Dios».

Normalmente, mi respuesta es esta: «Entonces, ¿quién la recibe?».

¿Quién (o qué) *sí* se lleva la justa ira que Dios les debe a los pecadores?

Al buscar un punto de vista acerca de la expiación que sea menos sangriento, menos oscuro, menos ofensivo, podemos tropezarnos con uno que resulta menos eficaz, menos poderoso, menos... bueno, *expiatorio*.

Al diablo le encanta esta forma de desarrollar las cosas, porque si puede hacer que dejemos de pensar en la ira de Dios en la cruz, puede hacer que dejemos de pensar en la ofensa que es nuestro pecado para Dios, lo cual significa que puede hacer que nos distraigamos de la santidad divina y, por lo tanto, de nuestra necesidad de salvación. La cruz no tiene que ver *solo* con la ira, por supuesto, pero si nos perdemos este aspecto vital de la obra expiatoria de Cristo —que él hizo propiciación por los pecadores mediante su muerte y fue sacrificado como castigo por nuestra desobediencia— nos perdemos la esencia misma de las buenas nuevas.

Aún así, la objeción persiste.

¿Refleja la expiación penal sustitutoria a un Dios que comete abuso infantil divino? La respuesta es un enfático no. El abuso es un acto cometido con malicia contra una parte reluctante. Hay mucho que considerar teológicamente con respecto a esta objeción a la expiación penal sustitutoria, incluyendo líneas de pensamiento que pasan por la soberanía divina, las operaciones divinas dentro de la Deidad trina, la impasibilidad divina (doctrina que sugiere que Dios no siente dolor ni placer por las acciones de otro), e incluso la eternidad divina y la naturaleza del tiempo. No obstante, miramos a los testigos de la Biblia para discernir las descripciones del Padre y el Hijo que Dios mismo quiere que veamos en relación a la crucifixión de Jesús. Y si bien la idea central del Hijo como sacrificio está obviamente ahí, en ninguna parte se observa ninguna descripción de un Dios irritable que se desquite o se aproveche de su hijo.

Con respecto a este tema de la expiación penal sustitutoria como algo que convierte a Cristo en víctima de abuso divino, los autores de *Pierced for Our Tansgressions* [Herido por nuestras rebeliones] escribieron:

Primero, según la doctrina de la sustitución penal, Jesús fue a su muerte voluntariamente, en total conocimiento de lo que eso implicaba. Esto queda plenamente claro en los Evangelios. Por ejemplo, cuando Pedro intentó disuadir a Jesús de tomar el camino del sufrimiento y el dolor, Jesús lo censuró con las palabras: «¡Quítate de delante de mí, Satanás!» (Marcos 8.33). Es más, Jesús insistió explícitamente en que nada lo obligaba a sufrir y morir contra su voluntad: «Yo pongo mi vida, para volverla a tomar. Nadie me la quita, sino que yo de mí mismo la pongo» (Juan 10.17-18). En contraste, el abuso infantil involucra infligir dolor sobre una víctima reticente o explotar a una persona que es incapaz de comprender completamente lo que está ocurriendo.[6]

La ira de Dios no es abuso, porque Dios no es caprichoso ni irritable, porque Cristo va a la cruz de manera voluntaria y consciente, porque la cruz fue la idea del Dios trino desde la fundación del mundo, y porque el pecado efectivamente merece castigo. Dios derramó su ira sobre el Hijo en la cruz para ratificar la justicia que refleja su perfecta rectitud. En efecto, pensar acerca de la ira de Dios por el pecado como una reacción impulsiva hacia las irritaciones es como decir: «Ay, Dios, pero si el pecado no es *tan* grave», lo cual es lo mismo que decir: «Ay, Dios, pero si tú no eres *tan* santo».

Derek Rishmawy ha escrito una de las mejores compilaciones en línea de respuestas a las objeciones comunes sobre la expiación penal sustitutoria, en la cual se incluyen defensas morales, teológicas e históricas. Debido a que gran parte de la preocupación de William Paul Young gira en torno al supuesto mal de la justicia retributiva, vale la pena citar «The Beauty of the Cross: 19 Objections and Answers on Penal Substitutionary Atonement» [La belleza de la cruz: 19 objeciones y respuestas acerca de la expiación penal sustitutoria] de Rishmawy:

> La retribución puede ser parte de un propósito ampliamente restaurativo. La muerte penal de Cristo no fue simplemente un acto estricto de justicia retributiva cuyo único objetivo era satisfacer la ira de Dios o un intercambio estricto *ojo por ojo* para castigar el pecado. Dios podría haberlo conseguido simplemente dejando a las personas en sus pecados para que pagaran lo justo, con la muerte (Romanos 6.23a). En lugar de eso, el acto expiatorio de Dios a través de la cruz trasciende el intercambio retributivo estricto, no ignorando, sino satisfaciendo los reclamos de la justicia y excediéndolos mediante la dádiva de Dios, que es vida eterna en Cristo Jesús (Romanos 6.23b). Dios no quería lidiar con el pecado simplemente; él quería salvar a los pecadores. Dios no solo quería ser vindicado como justo, más bien quería ser «el justo, y el que justifica al que es de la fe de Jesús» (Romanos 3.26).[7]

A lo que se oponen los objetores de la expiación penal sustitutoria es al horror abyecto de la cruz. Y no debería haber ningún embellecimiento de este asunto proveniente de ningún lado del debate de la expiación. La cruz es algo horrible. Jesucristo realmente sufrió una muerte angustiosa, desastrosa, tortuosa y sangrienta en una cruz romana en el lugar llamado el Calvario. No tenemos ninguna obligación de arreglarlo y adecuarlo a las nociones aspiracionales de la elevación humana y el progreso religioso. Si lees rápidamente el Antiguo Testamento y te detienes en los Evangelios, verás que el Gólgota se encuentra allí al final de una larga, larga fila de sacrificios propiciatorios.

A continuación, el teólogo Timothy George se refiere a lo que ocurre y lo que está en riesgo al rechazar la expiación penal sustitutoria:

El problema aparece cuando usamos un término antropopá-
tico como «ira» y lo aplicamos inequívocamente al Dios de la
eternidad. Nos ha tomado poco tiempo construir a «un dios
que es como yo», para usar el título de un nuevo libro de la
teología feminista. Luego comienzan a proliferar caricaturas de
la ira divina: Dios teniendo una rabieta o actuando como un
bravucón de gran tamaño con necesidad de «apaciguarse» antes
de perdonar o, como a menudo se afirma con referencia a la
expiación, practicando el abuso infantil cósmico.

Sin embargo, los caminos de Dios no son los nuestros y la
ira de Dios no es como la nuestra [...] [Tony Lane escribe:] «Sin
su ira, Dios simplemente no ama en el sentido en que la Biblia
refleja su amor». El amor de Dios no es sentimental; es santo. Es
cariñoso, pero no blando. Involucra no solo compasión, bondad
y misericordia sin medidas (lo que el Nuevo Testamento llama
gracia), sino también indignación contra la injusticia y una oposición implacable a todo lo que es malo.[8]

La cruz es una ofensa, un escándalo (1 Corintios 1.18; Gálatas 5.11).
Deberíamos tener cuidado con cualquier visión de la cruz que bus-
que hacerla más aceptable para sensibilidades «más iluminadas».
Deberíamos estar en guardia contra cualquier teoría de la expiación
que prometa plenitud, belleza e ilustración sin la sangre de Jesús.

LA PROPICIACIÓN NO ES UNA INNOVACIÓN

Otra objeción en contra de la expiación penal sustitutoria es la idea
de que constituye algo reciente en la historia, que no se encuentra
en las enseñanzas de los padres de la primera iglesia. Los críticos
notan el importante desarrollo de esta visión durante el período de

la Reforma de los siglos dieciséis y diecisiete y argumentan que esta no se halla antes de eso.

Por supuesto, toda visión teológica significativa respaldada por la Biblia ha visto su marco temporal de desarrollo doctrinal en la historia de la iglesia, dependiendo en gran medida de factores culturales y de las necesidades polémicas de ese tiempo. Podemos graficar cómo, en momentos distintos, la iglesia hizo esfuerzos considerables para formular sus doctrinas de la encarnación, la Trinidad y similares. Estos esfuerzos, por lo general, se vieron provocados por problemas graves dentro de la iglesia, el surgimiento de herejías y otras crisis. Para los reformadores, explorar las facetas de la expiación se vio en gran parte impulsado por el problema mayor de la justificación que estaba en juego en la tradición católica romana. Sin embargo, ¿es cierto que la expiación penal sustitutoria no se encuentra para nada en la primera iglesia? ¿La inventaron los reformadores, como algunos acusan?

No precisamente. Que una visión no esté desarrollada de manera sustantiva y profunda hasta cierta época en la historia de la iglesia no significa que no estuviera reafirmada o articulada en épocas anteriores.

El teólogo Michael Vlach ha hecho un trabajo admirable al elaborar una crónica de las apariciones de la sustitución penal en los escritos de los padres,[9] citando a Clemente de Roma, Ignacio, la Epístola de Bernabé, la Epístola a Diogneto, Justino Mártir, Eusebio de Cesarea, Eusebio de Emesa, Hilario de Poitiers, Atanasio, Basilio el Grande, Gregorio Nacianceno, Ambrosio de Milán, Juan Crisóstomo, Cirilo de Alejandría, Gregorio el Grande, Severo de Antioquía, Ecumenio y, por supuesto, Agustín de Hipona. Esta documentación significativa de Vlach abarca los primeros diez siglos de la iglesia ortodoxa.

Sin embargo, al final el asunto más importante de esta discusión no es lo que dicen o no dicen ciertas figuras de la historia de la iglesia, sino *qué dice la Biblia*.

¿Es la sustitución penal una idea bíblica?

Lo primero que debemos examinar es si alguna vez en la Biblia se dice que la ira de Dios está dirigida hacia las *personas*, o si solo apunta al pecado o al diablo y sus demonios. Y no hay que mirar muy profundo para ver que la respuesta es afirmativa, la ira a menudo va dirigida (o se dice que se les «debe») a las personas.

En Éxodo 15, por ejemplo, la canción de celebración de Moisés que versa sobre la libertad de los israelitas de la esclavitud egipcia incluye una mención a la «ardiente ira» de Dios contra sus enemigos (v. 7, NVI).

En 2 Crónicas 36.16 dice: «Mas ellos hacían escarnio de los mensajeros de Dios, y menospreciaban sus palabras, burlándose de sus profetas, hasta que subió la ira de Jehová contra su pueblo, y no hubo ya remedio».

Piensa en Salmos 90.11: «¿Quién conoce el poder de tu ira, y tu indignación según que debes ser temido?».

Podríamos seguir y seguir. Estos son solo tres ejemplos de casi doscientas entradas que contienen la palabra «ira». Podríamos buscar ejemplos con «enojo», «venganza» o «justicia» de Dios, y agregaríamos muchísimos más al cálculo. El punto es que la enseñanza de la Biblia sobre la ira de Dios no es confusa. Resulta real, está justificada y se le debe a aquellos que lo desobedecen. En Efesios 2.3, Pablo escribe que las personas no salvas son «por naturaleza hijos de ira».

A continuación debemos mirar y ver lo que Dios ha establecido en sus relaciones con las personas para «apartarse» de la ira. ¿Cómo es que podríamos evitar la ira de Dios y experimentar no su condenación, sino su salvación? La Biblia muestra que esto comienza y termina con la sangre del sacrificio.

Desde que Dios cubrió a Adán y Eva con pieles de animales hasta la antigua institución del sistema sacrificial, el tema central de la sangre propiciatoria se encuentra por todas partes en el Antiguo Testamento. La Pascua judía, en hebreo *pésaj*, que significa «salto», quizás sea la ilustración más notable de esta dinámica, en la cual los hijos de Israel debían pintar con la sangre de un cordero los marcos de las puertas para evitar que el Señor matara a sus primogénitos. Cualquier casa marcada con esta sangre era «saltada» o pasada por alto. Cualquier casa que no lo estuviera, recibía el debido castigo.

Esta es la Pascua instituida por Dios, en la cual se mata a un cordero sin mancha y cuya sangre se usa para marcar al perdonado, que centra los sacrificios a partir de ahí y culmina con el sacrificio de Cristo mismo, llamado el Cordero de Dios.

Por supuesto, el pasaje del Antiguo Testamento más notable sobre la sustitución penal se encuentra en Isaías 53.5-6:

> Mas él herido fue por nuestras rebeliones,
> molido por nuestros pecados;
> el castigo de nuestra paz fue sobre él,
> y por su llaga fuimos nosotros curados.
> Todos nosotros nos descarriamos como ovejas,
> cada cual se apartó por su camino;
> mas Jehová cargó en él
> el pecado de todos nosotros.

Este pasaje enseña claramente que el siervo sufriente, quien sabemos en este lado de los Testamentos que es Jesús el Cristo, fue castigado en nuestro lugar y, encima, fue castigado en nuestro lugar *por Dios mismo*.

Extrañamente, William Paul Young mencionó Isaías 53 en su capítulo sobre la cruz, aunque con una extraña paráfrasis, tal vez una propia:

> Aunque llevó nuestro pecado y sufrió por nuestra propia mano, aun así lo consideramos castigado y afligido y golpeado por Dios [...] y en Jesús, Dios encontró/aceptó [*paga* en hebreo] nuestra retorcida rebelión y quebrantamiento.[10]

La primera parte de su paráfrasis se asemeja al pasaje, pero la segunda parte, después de los misteriosos puntos suspensivos, no se asemeja en absoluto. Young trata de remodelar Isaías 53 como si estuviéramos malinterpretando la cruz. En otras palabras, nosotros «consideramos» a Jesús castigado en nuestro lugar, pero estábamos equivocados. Lo cual, por supuesto, no es para nada lo que se puede leer claramente en Isaías 53.

Los críticos de la sustitución penal pueden argumentar que todos los pasajes del Antiguo Testamento solo tienen sentido para nosotros a la luz del Nuevo, y estarían en lo correcto. Por lo tanto, miremos también la enseñanza del Nuevo Testamento sobre la cruz, que como mencioné es profunda y multifacética, y sin embargo de principio a fin contiene un estribillo retumbante en particular: Cristo aceptó nuestro castigo.

Piensa en cómo Pablo habla de la expiación meramente a lo largo de su carta a los Romanos. En el capítulo 6, versículo 23, dice claramente que lo que se nos debe por nuestro pecado es la muerte. La paga es la muerte. En Romanos 1.32, afirma que los pecadores «merecen la muerte» y que esta es «el justo decreto de Dios» (NVI). (Esto está perfectamente de acuerdo con el tema de la ira/juicio que recorre todo el Antiguo Testamento). Entonces, ¿cuál es la forma de pagar lo que debemos? En Romanos 3.25, Pablo escribe:

> Dios lo ofreció [a Cristo] como un sacrificio de expiación que
> se recibe por la fe en su sangre, para así demostrar su justicia.
> Anteriormente, en su paciencia, Dios había pasado por alto los
> pecados. (NVI)

Muchas traducciones usan la palabra «propiciación» en lugar de
«sacrificio de expiación», y si bien reconozco la difícil lingüística del
texto griego en este caso, el concepto es claro como el día para aquellos que se preocupan de verlo. Lo mismo ocurre en 1 Juan 4.10:
«Dios [...] envió a su Hijo para que fuera ofrecido como sacrificio
por el perdón de nuestros pecados» (NVI).

En un capítulo de un libro dedicado a Romanos 3, Mark
Denver escribió:

> El punto es que la muerte de Cristo quitó el castigo de nuestro
> pecado al quitar la ira de Dios. Nuestro pecado no es lo prin-
> cipal de este sacrificio. Lo que ocurre no es meramente una
> expiación o una cobertura del pecado. No, el punto principal
> del sacrificio de Cristo no es cubrir nuestro pecado, aunque
> sí lo hace, sino más bien satisfacer la justa ira de Dios contra
> nosotros debido a nuestros pecados. Eso es lo que indica la
> palabra *propiciación*: la satisfacción de la ira santa de Dios con-
> tra nosotros.[11]

En 1 Tesalonicenses 1.10, Pablo escribe que Jesús nos libra «de
la ira venidera». El mismo Jesús habla de «esta copa» del Padre
(Lucas 22.42) y hay pocas dudas serias de que sea una referencia a
la copa de la ira de Dios, un símbolo común del pacto.

El tema de la maldición es también una hebra importante
de la cuerda de la sustitución penal. En la caída, Dios pronunció
una maldición sobre toda la creación. Observa que si bien estamos

consecuentemente en esclavitud al pecado, amenazados por el diablo, vulnerables frente a las dificultades y destinados a la decadencia, la ordenanza de toda la maldición viene como parte del juicio de Dios sobre el pecado. En otras palabras, no es que simplemente suframos las consecuencias de nuestras malas decisiones; somos dignos del castigo.

Sin embargo, en Gálatas 3.13, Pablo escribe que Jesús se convirtió en maldición por nosotros. En efecto, el Hijo voluntariamente recibió lo que se nos debía a nosotros, la ira de Dios, para que pudiéramos recibir voluntariamente lo que se le debía a él, justicia.

Casi en todo el libro de Hebreos se hacen conexiones recurrentes entre los sacrificios propiciatorios y expiatorios del sistema del antiguo pacto y el cumplimiento que Cristo hizo de estos en la cruz.

Lo cierto es que el Espíritu Santo ha inspirado, desde el Antiguo hasta el Nuevo Testamento, un caso minucioso de la obra propiciatoria de Cristo en la cruz. Por lo tanto, el concepto de propiciación no es una innovación de la Reforma. Los padres de la iglesia reafirmaron esto aquí y allá, pero la Biblia lo enseña por todos lados.

Mira, esto no es un debate interno insignificante. Esto no es puras nimiedades académicas sobre minucias teológicas. Todo esto importa, porque lo que enseña la Biblia sobre la salvación importa. Importa tanto, que si nos alejamos de lo que enseña la Biblia acerca de la salvación, ponemos la nuestra en riesgo.

Finalmente, llevé el asunto con el estudiante universitario que había desafiado mi visión de la expiación penal sustitutoria hasta este punto. Después de encaminarlo por el mejor sondeo bíblico que pude manejar según mi memoria y ver que no me creía, le pregunté directamente: «¿Eres pecador?».

Pensó por un momento y respondió que sí.

Luego le pregunté: «¿Cómo fue que tus pecados fueron perdonados?».

No respondió. Se notaba que estaba dándole vueltas a la pregunta.

Me pregunté si él nunca había pensado en eso. Me pregunté si se había obsesionado lo suficiente con los debates académicos sobre la cruz y el rechazo de la doctrina directa con la que había sido educado, si había olvidado tomar su cruz no solo intelectual, académica o teóricamente, sino *personalmente*.

Espero que te des cuenta de lo que está en juego. El problema con reafirmar la faceta de *Cristo victorioso* y el tema del rescate o cualquier otra faceta de la expiación excluyendo a la sustitución penal es que representamos como impersonal lo que Cristo hizo en la cruz. Él conquistó las potestades y los principados y la mismísima muerte. Él consiguió justicia para los oprimidos y perseguidos por la sociedad. Él hizo cualquier cosa y de todo, todo lo maravilloso y multitudinario que la Biblia dice que hizo, pero no hizo aquello que me haría arreglar las cosas con Dios. No llevó mi castigo.

En una sección breve de «The Logic of Penal Substitution» [La lógica de la sustitución penal], J. I. Packer escribió:

Gustaf Aulén caracterizó el tema del Cristo victorioso [...] como una idea dramática de la expiación más que como una lógica propia de su mecánica, y lo contrastó en este aspecto con la visión «latina», de la cual una de sus formas es la sustitución penal; sin embargo, ¿no debería la sustitución penal ser igualmente entendida como una idea dramática, declarando el hecho de la expiación de forma kerigmática, es decir, como evangelio (buenas nuevas), tal como ocurre con el tema de la victoria de Aulén? Yo creo que debería. Sin duda alguna, el problema principal con el cual la sustitución penal guarda relación no es ni la moralidad ni la lógica de las formas de Dios, sino la remisión de mis pecados.[12]

Y si nos negamos a afirmar que Cristo recibió nuestro castigo, tendremos que recibirlo nosotros. De cualquier manera, la ira de Dios será dispensada debido al pecado. Él es demasiado santo, demasiado justo, demasiado recto y demasiado perfecto para «dejarlo pasar».

Tengamos cuidado de que al volvernos hacia alguna otra visión de la expiación que no sea la expiación penal sustitutoria no estemos tratando de mantener la cruz distante de nosotros. Sintamos temor de estar abogando por el impacto de la cruz sobre *esas personas* o *esos problemas* y no sobre nosotros. Tengamos cuidado de no considerarlo de manera personal.

La sangre del Cordero es demasiado preciosa para no aplicarla sobre nuestros propios dinteles.

Citando a Packer nuevamente:

> Afirmar la sustitución penal es decir que los creyentes están en deuda con Cristo específicamente por esto, y que tal cosa constituye el impulso primario de todo nuestro gozo, nuestra paz y nuestra alabanza tanto ahora como por la eternidad.[13]

Es por eso que la aseveración de que «la cruz no tiene nada que ver con la ira de Dios» resulta tan diabólica. La misma promete ayudarnos a evitar el complicado asunto de la ira mientras, en realidad, nos mantiene en la mira. Nuestro enemigo sabe que si la ira que se nos debe es llevada por Cristo, tendremos gozo, paz y alabanza. Obtendremos la plenitud, la belleza y la ilustración que anhelamos.

Y él sabe que si intentamos conseguir esas cosas sin la sangre, estamos accediendo a permanecer bajo la ira que toda desobediencia merece.

SATANÁS DETESTA LA SANGRE

Al diablo le encanta la idea de una cruz sin sangre. A él le da igual que lleves una baratija brillante en el cuello siempre y cuando no tengas un tesoro resplandeciente en el corazón.

Satanás le teme a la sangre. Él sabe que la misma limpia a los pecadores (Hebreos 9.14; 1 Juan 1.7; Apocalipsis 7.14), que habla la palabra de la justicia consumada (Hebreos 12.24). Sabe que la cruz sangrienta profirió su destrucción, que Cristo en el monte Gólgota «despojó a los principados y a las autoridades y los exhibió públicamente, triunfando sobre ellos en la cruz» (Colosenses 2.15, RVR1995). Y sabe que la sangre de Cristo paga la ira que se les debe a los pecadores (Romanos 3.23; 1 Juan 4.10), convirtiendo de este modo su acusación contra el pueblo de Dios en nula y vacía para siempre.

La sangre de Jesús pronuncia la condena del diablo. Motivo por el cual a él le encantaría que tú mantuvieras tu evangelio agradable y decente. Ordenado. Académico.

En 1955, Billy Graham fue a Cambridge a predicar una serie de sermones en la universidad.[14] Antes de su llegada, los medios ingleses habían aprovechado al máximo los periódicos, expresando su desdén y escepticismo acerca de la visita de Graham. Según Tim Keller, en una sección editorial preguntaron: «¿Qué rayos hace este fundamentalista estadounidense de un lugar remoto viniendo a hablarles a nuestras mentes mejores y más brillantes?».

Graham se sintió intimidado por esa crítica adelantada. Él estaba extremadamente nervioso mientras preparaba sus mensajes para la multitud de Cambridge, compuesta de profesores y doctores universitarios, teólogos y varias otras élites intelectuales de la comunidad. Para tener ilustraciones culturales y filosóficas, exploró libros y artículos académicos, agregando citas de Kierkegaard, Nietzsche y Sartre a las charlas que tenía planeadas.

Graham tenía miedo de verse como un ignorante frente a su público discriminador.

Las primeras cuatro noches, fracasó a lo grande. Los salones estaban llenos, pero la reacción fue poco entusiasta. Su predicación no provocó ninguna respuesta significativa.

Así que, en la última noche, Graham decidió deshacerse de las citas cultas y la sazón intelectual. Decidió que solo predicaría sobre la sangre de Cristo. Decidió que, en lugar de tratar de jactarse de su pericia intelectual, olvidaría todo lo demás y simplemente se jactaría de la cruz.

El pastor anglicano y fundador de Proclamation Trust, Dick Lukas, relató más tarde:

Nunca olvidaré esa noche. Me encontraba en un presbiterio totalmente lleno, sentado en el suelo con el profesor regio de divinidad de la universidad sentado a un lado y el capellán de una universidad que se convertiría en futuro obispo al otro. Ahora bien, ambos eran buenas personas en muchos aspectos, pero estaban completamente en contra de la idea de necesitar la salvación del pecado mediante la sangre de Cristo. Y esa noche, el querido Billy se levantó y comenzó con Génesis, recorrió toda la Biblia y habló acerca de cada tipo de sacrificio de sangre que puedas imaginarte. Durante tres cuartos de hora, la sangre *fluyó* a través de toda la iglesia Great St. Mary, por todos lados. Y mis dos vecinos se sintieron totalmente avergonzados por esta cruda proclamación de la sangre de Cristo. Era todo lo que a ellos les desagradaba y les hacía sentir temor. Pero al final del sermón, para el pasmo de todos, casi cuatrocientos jóvenes, hombres y mujeres, se quedaron para entregarle sus vidas a Cristo.

Lucas más tarde conoció a un joven coadjutor y graduado de Cambridge en la catedral de Birmingham. Mientras tomaban el té, le preguntó al hombre:

—¿Dónde comenzó el cristianismo para ti?

—Ah, en Cambridge, en 1955 —dijo el coadjutor.

—¿Cuándo?

—Billy Graham.

—¿Cuál noche?

—La última.

—¿Cómo ocurrió?

—Todo lo que recuerdo mientras salía de Great St. Mary —respondió— fue pensar por primera vez en toda mi vida: "Fue por *mí* que Cristo realmente murió".

Tim Keller dice que si te jactas de cualquier otra cosa que no sea la cruz, «el diablo te va a aventajar». Debes hacerlo personal. Debes ser capaz de afirmar no simplemente que Cristo murió, sino que Cristo murió *por mí*.

DIOS AYUDA A LOS QUE SE AYUDAN A SÍ MISMOS

La única cosa con la que contribuimos a nuestra salvación es el pecado que la hace necesaria.

—WILLIAM TEMPLE

MI AMIGO RAY SE VEÍA SERIO. SIEMPRE SE VEÍA serio. No obstante, ese día en particular, mientras desayunábamos avena y café en la cafetería de un hotel en Nashville, se veía más serio de lo normal.

No recuerdo acerca de qué estábamos hablando; he olvidado el contexto de la conversación. Sin embargo, lo que me dijo al final no me lo he podido sacar de la cabeza desde entonces. No fue algo que no hubiera escuchado antes, pero la forma en que Ray lo dijo y la seriedad adicional con la que lo declaró hicieron que se me quedara grabado en la mente y el corazón. Esto ocurrió hace unos seis años, pero nunca lo he olvidado.

Él señaló: «Jared, el diablo tiene un armario de archivos. Y ahí guarda un archivo tuyo. Él tiene una carpeta con tu nombre. Esa carpeta contiene exactamente lo que se debería hacer para hacerte caer».

Intenté no dejar de mirarlo a los ojos, pero la idea resultaba alarmante.

«Satanás sabe exactamente lo que te desmoronará. Y todos los días trabaja en esa estrategia para llevarla a cabo».

Como mencioné, no olvidé la conversación. Pienso en eso a menudo. Sé que es cierto.

Y para ti también lo es.

Si no crees en Cristo, lo primero que te digo es que no pierdas ni un segundo más en la incredulidad. Jesucristo vivió la vida sin pecado que nosotros no podríamos vivir, sufrió la muerte sacrificial que no tuvimos, y resucitó en gloria para que todos los pecadores que confíen en él puedan estar donde no están, y donde él se encuentra ahora. El tiempo de arrepentirte de tus pecados y poner tu fe en él para obtener perdón y vida eterna es *ahora*.

Lo segundo que te digo es que lo creas o no, el diablo es real. Y si no confías en Jesús, te encuentras exactamente donde el diablo quiere que estés.

Si eres cristiano, te digo que nuestro enemigo está furibundo buscando tu destrucción. No puede matar tu alma, pues está custodiada por Jesús, pero nada le encantaría más que atraerte hacia el pecado, hacer todo lo que pueda para convertir tu vida en un cráter humeante, tal como lo hizo con Job, y dejarte ineficaz para el reino y así desacreditar el testimonio del evangelio. Él quiere que Jesús se vea pequeño en tu vida.

He aquí lo que tú y yo debemos hacer: estando correctamente conscientes de las estrategias de nuestro acusador, debemos considerar lo que está escrito sobre nosotros en su carpeta.

He pensado mucho y por largo tiempo sobre qué cosas de mi vida se encuentran en mi archivo del armario del infierno. Veinte años atrás, estoy seguro de que habría dicho que era la inmoralidad sexual. Nunca he cometido adulterio con otra mujer, pero hubo un tiempo en que la lujuria gobernó mi vida. Creo que era un creyente incluso en ese momento, pero no caminaba según la verdad del Evangelio (Gálatas 2.14). Me había sumergido en el uso habitual de la pornografía. Esto afectó todo de mí. No solo mis pensamientos, sino mi comportamiento también. Al final, convertí mi vida en una ruina absoluta.

No puedo decir que «el diablo me obligó a hacerlo». Esa sería una forma de excusarme y malinterpretar la dinámica de la tentación y la desobediencia. Mi pecado era y es mío. No puedo culpar a nadie más que a mí. Sin embargo, el diablo estaba haciendo efectivo ese archivo, y yo caía voluntariamente en su trampa.

No conocía a Ray hace veinte años, pero si hubiésemos tenido nuestra conversación en ese entonces, estoy casi seguro de que hubieran acudido a mi mente imágenes sobre el final de mi camino de excesiva lascivia. Vergüenza. Adulterio, quizás. Un matrimonio en ruinas, con toda seguridad.

Hoy, de ninguna manera soy una persona libre de lujuria, pero por la gracia de Dios experimento la victoria cada día sobre ese período de mi vida. Con respecto a otras cosas, estoy «limpio y sobrio». Sé que si pienso que soy invulnerable por completo a esa antigua forma de vida, debería prestar doble atención para así no volver a caer (Corintios 10.12).

No obstante, creo que mi carpeta contiene una estrategia diferente hoy. Lo que cruzó por mi mente cuando Ray hizo esa advertencia personal y profunda no fue ningún pecado físico repugnante ni ninguna infidelidad externa, sino un patrón de actitudes, pensamientos e inseguridades que, cuando son permitidos, me dejan ineficaz para el reino. En cierta forma, este patrón es más peligroso que el pecado sexual, porque es más difícil de discernir y resulta más difícil protegerme con una barricada contra él. No existe *software* de rendición de cuentas ni aplicación móvil que pueda impedirme pensar demasiado en mí mismo.

Al diablo no le importa. No le importa si es necesario que tenga un amorío o si debo convertirme en un desastroso soberbio y arrogante. Solo quiere robarme la paz, matar mi adoración y destruir mi testimonio.

De muchas maneras, esta propensión mía a ser pecaminosamente inseguro se remonta a mi niñez. Precede a mi encaprichamiento con la lujuria personal. Siempre ha retumbado sordamente dentro de mi corazón, como una tormenta en necesidad de calma. Va más profundo que cualquier manifestación conductual que ocurre en una temporada específica de mi vida. A veces, se trata de mi repelente malhumor. A veces es mi áspera arrogancia. A veces son mis palabras divisorias. En muchas ocasiones son solo mi pereza espiritual y mi palabrería indisciplinada.

Tengo una dificultad excepcional para distinguir entre la melancolía propia de mi personalidad y la desobediencia al mandamiento de regocijarme. En síntesis, soy legalista. Soy legalista con otros a veces, pero casi siempre conmigo mismo.

Mi legalismo no siempre se ve farisaico. No creo ser un criticón religioso. No creo ser más sentencioso que cualquier otro que usa las redes sociales regularmente. Eso sí, me comparo mucho con esas personas y me considero mejor que ellas. «Te agradezco, dios de mí mismo, porque no soy como *esa* gente».

El legalismo que parece ser parte de mi ADN es del tipo que me pudre los huesos y por lo tanto pudre mi sensación de confianza. Mi tipo de legalismo *parece* humilde, lo cual lo hace muy insidioso y a menudo debilitante.

Cuando no ando sintiéndome orgulloso por ser más *lo que sea* que otra persona, me odio a mí mismo por no ser *suficientemente* lo que sea. Lo raro de la humildad es que mientras más piensas en ella, más se desvanece. Ese soy yo. Vivo demasiado sumido en mis logros y mis fracasos. Me inquieto. Me preocupo.

El orgullo no siempre luce igual que la arrogancia. A veces se parece a la autocompasión.

No sé cómo Satanás habrá redactado esto en su archivo, pero creo que equivale al hecho de que él sabe que tengo una adicción a la aprobación, la reafirmación y, por lo tanto, a la inseguridad.

Quiero estar en guardia contra su tentación en estas áreas. Quizás tú también. Por eso, tanto tú como yo debemos tener mucho, mucho cuidado no solo con la *expresión* proverbial «Dios ayuda a los que se ayudan a sí mismos», sino también con el *espíritu* de esta. Con toda razón la consideramos como una tontería y un cliché, pero en lo profundo, demasiados de nosotros la creemos cierta.

De acuerdo con una investigación del Grupo Barna, ochenta y dos por ciento de los estadounidenses cree que «Dios ayuda a los que se ayudan a sí mismos» es un versículo bíblico.[1] Podrías sugerir que esto solo confirma el analfabetismo bíblico de nuestra nación postcristiana. Sin embargo, no explica la realidad de que más de la mitad de los cristianos practicantes piensen lo mismo.[2]

Este no es un versículo de la Biblia, por cierto.

A pesar de que la idea se originó en el mundo antiguo griego y se incorporó a la sabiduría proverbial de la cultura dominante a través de *Poor Richard's Almanack* [El almanaque del pobre Ricardo] de Benjamín Franklin, quizás una de las razones por la que los cristianos proyectan esto hacia la Biblia sea que suena a verdad para nuestros corazones carnales.

Cuando Adán y Eva cayeron de la gracia, la raza humana quedó reconfigurada para las obras.

¿POR QUÉ LA SALVACIÓN POR
OBRAS ES TAN TENTADORA?

«Dios ayuda a los que se ayudan a sí mismos» es en esencia una ética legalista. De muchas formas, es el contrapunto de «suelta y deja que Dios haga». El antinomismo y el legalismo son errores opuestos (pero iguales).

Lo que sugiere literalmente este proverbio legalista es que Dios no ayuda a los que se niegan a ayudarse a sí mismos. Está relacionado con «la vida es lo que tú haces de ella». Al igual que «suelta y deja que Dios haga» se centra en el yo, pero de una manera mucho más pragmática.

Sin embargo, debes saber que el corazón mismo del verdadero cristianismo es opuesto a la idea de que «Dios ayuda a los que se ayudan a sí mismos». La cosmovisión que esta mentira representa es antiética a la gracia que hace del cristianismo algo único y salvador.

Su alusión a Dios es un subterfugio de Satanás. Él preferiría que nunca pensáramos en Dios ni lo más mínimo, pero la mejor opción es pensar equívocamente, pensar cosas que no son dignas de él.

Si nuestro enemigo no puede alejarnos completamente del tema de la salvación, nos hará entrar en el mismo de forma equivocada; a saber, introduciendo incluso una pequeña medida de obras en la ecuación de la salvación. Esta mentira siempre ha resultado efectiva con las personas religiosas por razones dentro de las cuales se incluye una conexión a la primera mentira que aparece en este libro. Satanás, desesperadamente, quiere que agreguemos un «plus» al evangelio de la gracia, porque eso le resta valor a Cristo y su suficiencia.

«Dios ayuda a los que se ayudan a sí mismos» suena estúpido para la teología de mi mente, pero suena a verdad para la teología torcida de mi carne. Cuando me encuentro sumergido en la melancolía espiritual, me siento tentado a creerlo. Me da miedo que Dios no me ame, me deje de amar o no pueda amarme. De que mi aprobación ante él esté basada en mi desempeño religioso, y por supuesto, estoy completamente consciente de que nunca puedo hacer lo suficiente.

Después, temo que por pensar esas cosas tan antibíblicas, de verdad lo haya arruinado todo y pueda incluso no ser un cristiano en absoluto.

Te dije que soy un desastre.

Uno pensaría que la gracia debería ser algo atractivo. La sola idea de que, a pesar de nuestra incapacidad para estar a la altura de la gloria de Dios, él gratuita y amorosamente haya prodigado gracia sobre nosotros como un regalo es hermosa y reparadora. Este mensaje no existe en ninguna otra parte. Ninguna otra religión ni filosofía que ofrezca plenitud, belleza e ilustración enseña que esas cosas son dadas unilateralmente por el Dios de gracia. ¿No es increíble?

Además, si esta verdad es realmente tan atractiva, ¿no deberían más personas aprovechar la oportunidad de creerla? Sin embargo, sospechamos que no es verdad. Incluso aquellos de nosotros que creen que es verdad luchamos para vivir según lo que creemos.

Nuestra carne anhela las obras, el crédito.

La carta de Pablo a los gálatas puede ser el mejor enfoque breve acerca de la intrusión radical de la gracia en el mundo de la religión legalista que deshonra a Dios. El apóstol está asombrado de que aquellos que conocen la gracia gratuita de Dios entregada en las buenas nuevas de Jesús la hayan abandonado. Pablo quiere saber: «¿Por qué rayos volvieron a la esclavitud de la justicia por obras?» (1.6; 5.1).

En la iglesia de los gálatas se habían infiltrado falsos maestros, a quienes llamaban «judaizantes». Ellos aseveraban que el cristianismo se componía de gracia y *además* de obras, siendo en este caso las obras de la ley ceremonial de los judíos, es decir, la circuncisión y las restricciones alimentarias. Los judaizantes decían: «Sí, sí, gracia, pero también hay que ser muy religioso. Así es como se gana la aprobación de Dios y nos mantenemos unidos a Jesús».

A través de los argumentos plausibles de los judaizantes, el diablo tentó a muchos creyentes profesos para hacerlos naufragar en su fe.

Si bien Pablo se queda atónito porque los gálatas prefieren la justicia por obras al regalo gratuito de la justicia de Cristo, él sabe que se trata de una tentación. Sabe que esto «tiene lógica». Y sabe que esto se agazapa a la puerta de cada corazón humano, que ninguna persona es inmune a su atracción. En Gálatas 6.1, Pablo incluso les advirtió a aquellos que restauraban a los que habían sido presa de la herejía que se consideraran a sí mismos para no ser también tentados a hacerlo.

Parece extraño pensar que, al enseñarles sobre la gracia a los legalistas, pudieras ser tentado a convertirte tú mismo en un legalista, pero estoy aquí para decirte que es un peligro muy real.

Me encontraba de invitado en un salón universitario dando una charla sobre ministerio centrado en el evangelio. Durante la sección de preguntas, un estudiante me hizo una de las preguntas más profundas y penetrantes que hubiera recibido en un entorno como ese. Él dijo: «Nada más me gustaría saber una sola cosa: ¿se predica el evangelio a usted mismo tan bien como nos lo predica a nosotros?».

Me detuve por un segundo, evaluando las opciones que tenía. Mi medidor de aprobación se activó y quise verme impresionante. Sin embargo, me di cuenta de que la verdad podría resultar más útil para él y también para mí. Respondí: «No, no lo hago. Soy más bueno para recordarles la gracia a otros que para descansar yo mismo en ella».

En primer lugar, podemos convertirnos en personas desmesuradamente orgullosas de ser «el pueblo de la gracia». Y cuando hacemos eso, instantáneamente comenzamos a erosionar nuestra propia credibilidad, quizá no ante los demás, pero ciertamente dentro de nuestro corazón. Para muchos predicadores y maestros cristianos existe el verdadero peligro de darse gracia a sí mismos y negársela a los demás. Todos los creyentes están en gran peligro de desobedecer el Gran Mandamiento. No obstante, para muchos de nosotros también existe el peligro de predicar con nuestra boca lo que no creemos con el corazón.

Y sin embargo, incluso para eso hay gracia. Asombroso. La encontramos en el verdadero evangelio del Dios que salva a aquellos que no pueden ayudarse a sí mismos a pesar de sus mejores intenciones y esfuerzos.

Pablo fue directo al decir que el mantra de que «Dios ayuda a los que se ayudan a sí mismos» no es solo un evangelio diferente (Gálatas 1.6), sino también una herejía satánica (vv. 8-9). Lo llamó demoníaco cuando se refirió a un tipo de legalismo similar en las instrucciones enviadas a Timoteo, su protegido en el ministerio (1 Timoteo 1.1-3).

La justicia por obras es como el árbol prohibido en medio del jardín. Lo podemos ver entre todo. Siempre está a la vista de nuestro deleite en la gracia. Y, de tanto en tanto, escuchamos un susurro serpentino: «Sí, sí, gracia. Pero hay más. Hay una versión mejorada. *Aquí* hay poder verdadero, una mejora verdadera con esto. Tómenlo y coman».

Y es tan tentador porque promete hacer mucho de nosotros. El legalismo es muy hábil para mimar nuestro orgullo.

«Dios ayuda a los que se ayudan a sí mismos» es la mentira que promete gratificar nuestro deseo de reconocimiento y recompensa. No obstante, al final, lleva solo al exilio.

TRABAJAR POR LA SALVACIÓN ES TENER QUE ESTAR TRABAJANDO SIEMPRE

Un par de años atrás, mientras hablaba en algunos eventos en el estado de Washington, terminé enfrascado en una conversación evangelística con un conductor de Uber llamado Nealofer. Siendo un musulmán devoto, Nealofer inició la conversación tratando de *evangelizarme*. Comenzó preguntándome si era religioso. Nunca sé con certeza cómo responder esa pregunta, porque todos sabemos que el cristianismo «no es una religión, sino una relación» (lo cual no es exactamente cierto, pero para ese cliché tendremos que esperar a otro libro, quizás una secuela de este si se venden suficientes copias).

Dada la definición implícita de «religioso», respondí que sí lo era.

Me preguntó cuál era mi religión. Le conté, y me elogió por seguir al profeta Jesús. (Los musulmanes no creen que Jesús sea realmente la encarnación de Dios, sino solo un profeta importante que enseñaba la verdad). El conductor prosiguió a decirme que la Biblia era como de primer grado y el Corán era como de quinto grado. «Cuando uno pasa primer grado, no se queda ahí, ¿cierto? Uno sigue avanzando».

Supongo que eso es la versión musulmana de la teología de la vida superior.

Le respondí con mis propias preguntas. Le pregunté a Nealofer si lo que aprendemos en primer grado se convierte en mentira en quinto grado. Por ejemplo, si aprendemos el alfabeto en primer grado, ¿en quinto grado leemos usando un alfabeto diferente? Si en primer grado aprendemos que 1+1=2, ¿esa misma suma deja de ser igual a 2 en quinto grado?

Él respondió que por supuesto que no.

Entonces, yo le dije: «Si ambos concordamos en que lo que dice la Biblia es verdad, entonces tenemos que concordar en que es verdad siempre».

Él coincidió en que sí; es decir, estuvo de acuerdo conmigo hasta que señalé muchos lugares en que la Biblia afirma directamente la deidad de Jesús. Con eso lo perdí. Así que fui directo al punto:

«¿Cómo se llega al Paraíso?».

Respondió lo que casi todas las personas que creen en una vida celestial después de la muerte creen, pero en la versión islámica, por supuesto. Trabajando. Obedeciendo. Siendo lo suficientemente bueno.

He sostenido varias conversaciones como esta con musulmanes —por lo general, en un taxi o viajes de Uber— y siempre pregunto lo mismo después:

«¿Usted cree que es lo suficientemente bueno?».

En una oportunidad, le hice esta misma pregunta a un taxista en Mineápolis. Fue sincero y respondió que no.

Nealofer tenía mucha más confianza en su rectitud. Respondió que sí.

«¿Cómo lo sabe?».

«Simplemente lo sé», dijo él.

Proseguí: «Bien, usted debe ser mejor persona que yo, porque yo no soy lo suficientemente bueno».

Nealofer procedió a discutir conmigo acerca de mi bondad. Estaba seguro de que yo era una buena persona, muy seguro. No tengo certeza de cómo solo con un viaje de cincuenta minutos pudo llegar a esa conclusión. O sea, le dije que era religioso, no proferí groserías y no intenté robarle ni una sola vez; quizás por eso pensó que me había conocido bien. Como sea, me dejó por las nubes. Y a mí me agradó. No obstante, se había equivocado. Con respecto a sí mismo y con respecto a mí.

Me caen bien los mormones. Es probable que a ti también. Tendrías que ser un necio para que no te agradaran. En la última elección presidencial voté por un mormón (ninguno famoso), así de mucho me agradan. Los mormones, como grupo, tienen la reputación bien ganada de ser personas con valores morales excepcionales, hablando desde el punto de vista de la conducta. Y ellos lo saben. Tienen que ser moralmente virtuosos, porque su doctrina de la salvación depende de eso.

Hoy en día, muchos mormones quieren ser considerados parte de la comunidad evangélica. Para ellos, es un beneficio, porque los ayuda a despojarse del estigma de ser una secta. Esto representa un beneficio para muchos evangélicos, porque se nos suman más personas bien portadas al equipo.

La confusión de las líneas doctrinales entre el mormonismo y el cristianismo ortodoxo no es algo bueno. Es el tipo de cosas que hizo que Pablo estuviera tan molesto con los gálatas. El mismo libro sagrado de los mormones dice cosas como «amáis a Dios con todo vuestro poder, mente y fuerza, entonces su gracia os es suficiente»[3] y «sabemos que es por la gracia por la que nos salvamos, después de hacer cuanto podamos».[4]

Por la gracia, *después* de hacer cuanto podamos. Eso suena muy parecido a «Dios ayuda a los que se ayudan a sí mismos», ¿no es cierto?

Si quieres saber de dónde proviene principalmente el concepto mormón de la gracia, solo tienes que considerar que ellos creen que el Hijo de Dios es un ser creado, que es hermano espiritual de Lucifer y que, tal como Dios mismo fue alguna vez hombre, los mormones que obedecen pueden algún día convertirse en dios como él. Si esto suena conocido, puede ser porque ya hemos considerado varias veces Génesis 3. La disminución de Dios y la exaltación del hombre son mentiras satánicas, y por eso el mormonismo es una de esas doctrinas de demonios sobre las cuales advirtió Pablo.

A mis amigos mormones les hago la misma pregunta que les formulo a mis amigos musulmanes: ¿cómo sabes que has hecho todo lo que has podido? ¿Qué tan bueno tienes que ser para ser lo suficientemente bueno?

La respuesta es que nunca puedes saberlo. «Solo tienes que confiar». Sin embargo, ¿confiar en qué? No en la gracia gratuita de Dios, porque recuerda que la religión de la gracia por obras no es gracia en lo absoluto, sino una recompensa por portarse bien. Entonces, ¿qué tan bueno debo ser para estar a la altura de la gloria de Dios?

La respuesta es que debemos ser perfectos.

Por ese motivo, la búsqueda de la santidad como medio de salvación será una búsqueda interminable y sin destino. No podemos trabajar lo suficientemente duro, escalar lo suficientemente alto, ni obedecer el tiempo suficiente para alcanzar la salvación por medio de nuestro esfuerzo. Trabajar por la salvación es tener que estar trabajando siempre, lo que significa que trabajar por nuestra salvación es nunca ser salvo.

«Dios ayuda a los que se ayudan a sí mismos» es una mentira.

El diablo quiere que creamos esta mentira. Sin embargo, se encuentra en problemas.

Todo cristiano que, al contrario de Eva, traiga a su mente «lo que Dios realmente dijo» también tiene un armario de archivos, en el cual hay una carpeta que lleva el nombre de Satanás escrito. Sabemos exactamente lo que se necesita para derribarlo.

LUCHA CONTRA EL ENEMIGO CON LA ARMADURA CORRECTA

El apóstol Santiago dijo: «Someteos, pues, a Dios; resistid al diablo, y huirá de vosotros» (Santiago 4.7).

¿Quieres derrotar al enemigo? Debes resistirlo activamente.

¿Cómo se resiste al diablo activamente? Comienza con lo que Santiago dice en la primera parte del versículo: sometiéndose a Dios.

Esto implica buscar el arrepentimiento a diario e involucrarse en el diálogo divino de escuchar a Dios (a través de la meditación en su Palabra) y hablar con Dios (a través de la oración). También existen otros medios de resistencia activa, siendo los principales comprometerse con una iglesia cristiana local y cantar alabanzas a Dios de manera frecuente, tanto dentro como fuera de las reuniones de la iglesia. Sin embargo, en resumidas cuentas, si no fijamos nuestra mente en la gloria de Dios y en todas las cosas que él sí dijo, nos hacemos vulnerables a las mentiras.

Al confiar en nuestras obras nos hacemos vulnerables al enemigo. Esto es igual a cuando David se vistió con la armadura de Saúl (1 Samuel 17.38-39) y no pudo caminar con ella.

Nuevamente, Pablo nos es de gran utilidad cuando nos dice lo que debemos hacer para resistir al diablo:

> Por lo demás, hermanos míos, fortaleceos en el Señor, y en el poder de su fuerza. Vestíos de toda la armadura de Dios, para que podáis estar firmes contra las asechanzas del diablo. Porque no tenemos lucha contra sangre y carne, sino contra principados, contra potestades, contra los gobernadores de las tinieblas de este siglo, contra huestes espirituales de maldad en las regiones celestes. Por tanto, tomad toda la armadura de Dios, para que podáis resistir en el día malo, y habiendo acabado todo, estar firmes. Estad, pues, firmes, ceñidos vuestros lomos con la verdad, y vestidos con la coraza de justicia, y calzados los pies con el apresto del evangelio de la paz. Sobre todo, tomad el escudo de la fe, con que podáis apagar todos los dardos de fuego del maligno. Y tomad el yelmo de la salvación, y la espada del Espíritu, que es la palabra de Dios. (Efesios 6.10-17)

La armadura de Dios es nuestra única defensa contra la ofensiva hostil de Satanás. Sin embargo, debes notar algo único con respecto a cada parte de la armadura. Debes notar que cada parte representa no nuestra obra, sino la obra de Dios:

- La armadura es la «armadura de Dios» (v. 13).
- El cinturón es la verdad de Dios (v. 14a).

- La justicia que nos puede proteger es de Dios (v. 14b).
- El calzado es la eficacia de las buenas nuevas de Jesús (v. 15).
- El escudo es la fe que Dios nos ha regalado (v. 16).
- El yelmo es nuestra salvación (v. 17a).
- La espada es la Palabra de Dios (v. 17b).

Ninguna de estas cosas se origina en nosotros o es algo que podamos hacer. De la cabeza a los pies, estamos armados con la poderosa obra de Dios. Por eso Pablo comienza su tratado sobre la guerra espiritual con la exhortación «fortaleceos en el Señor, y en el poder de *su* fuerza» (énfasis añadido).

La justicia que nos guardará de las acusaciones y la destrucción del diablo es la justicia que se nos atribuye por la fe, otorgada a nosotros por gracia y originada no en nosotros, sino en Dios, quien envió a su Hijo a convertirse en nuestras obras. La santidad a la que nos aferramos en el evangelio es la santidad que silencia a la serpiente. Por lo tanto, nuestros objetivos son mantener los ojos fijos en el evangelio de la gloria de Cristo, seguir meditando en su gracia y continuar aplicando la justicia perfecta que ya es nuestra por la fe (Filipenses 3.12, 16).

¡Buenas noticias! Dios ayuda a los que no pueden ayudarse a sí mismos. Dios ayuda a aquellos que caen en la desesperación por sus diminutos intentos de salvación y recurren a él en busca de rescate. «Pues en cuanto él mismo padeció siendo tentado, es poderoso para socorrer a los que son tentados» (Hebreos 2.18).

En este sentido, ayudarte a ti mismo es ponerte en peligro. Con nuestras propias fuerzas, somos presa fácil para los dientes retorcidos del diablo. «Cada uno es tentado, cuando de su propia concupiscencia es atraído y seducido» (Santiago 1.14). La única forma de evitar ser arrastrados es acercarnos al único que puede salvarnos.

DIOS AYUDA A LOS QUE PIERDEN
LAS ESPERANZAS EN SÍ MISMOS

No os ha sobrevenido ninguna tentación que no
sea humana; pero fiel es Dios, que no os dejará ser
tentados más de lo que podéis resistir, sino que dará
también juntamente con la tentación la salida,
para que podáis soportar. (1 Corintios 10.13)

¿Cuál es la salida?

Satanás quiere que pienses que se trata de tomar la salvación en tus propias manos. Como dije al inicio de este capítulo, la desesperación latente e incesante de mi alma está atada a esta idea. No obstante, si yo soy mi única esperanza, mi condición no tiene esperanza alguna. ¡Tomar las cosas en mis propias manos fue la salida del jardín!

La salida de la maldición del exilio es Cristo mismo.

Así que ven en necesidad. Ven con las manos vacías. Vacía tus bolsillos. Golpéate el pecho si es necesario y rasga tus ropas. Rasca los forúnculos de tu piel si eso es lo que necesitas hacer. Sin embargo, hagas lo que hagas, no vengas al fruto de la justicia de Cristo buscando negociar. No regatees, no compres, solo suplica.

La bendición es para aquellos que son pobres en espíritu, no ricos. Si al infinitamente santo Señor del universo le traes la mano vacía de la fe, aunque esté temblando, él la llenará con las inconmensurables riquezas de sí mismo. No hay otra manera. Dios busca activamente salvar a aquellos que no pueden salvarse a sí mismos.

Y estas son buenas noticias, porque eso significa literalmente que cualquiera califica, siempre y cuando se humille lo suficiente. Siempre que perdamos la esperanza en nosotros mismos, encontraremos su gracia al instante.

Pienso mucho en ese archivo infernal. Contiene lo que el diablo sabe de mi debilidad frente a la tentación. Supongo que también lleva un recuento de todos mis pecados y de toda la valoración pecaminosa que he hecho de mis buenas obras. Supongo que incluso el diablo sabe que este legalista que soy debe salvarse no solo de sus propios pecados, sino de su propia justicia. Ciertamente, sus acusaciones al respecto son bastantes.

Pienso en Nealofer, el conductor de Uber, quien de verdad cree que su bondad será lo suficientemente buena. Pienso que yo estaría en mucho más peligro si confiara en mí mismo. Nealofer se imagina que al final de los días estará ante un Dios santo y su benevolencia será mayor que su maldad. Imagina que recibirá su justa recompensa y que esta *no* será la condenación eterna.

No es así en mi caso. En mi computadora portátil tengo una carpeta de correos electrónicos llamada «Estimulantes del ánimo». Cuando recibo un correo electrónico especialmente alentador de parte de alguien, lo guardo en esa carpeta. A veces, cuando me siento deprimido, leo todos los mensajes de ese archivo. «¿Ves?», me digo a mí mismo. «Soy una buena persona. La caigo bien a la gente. Hago cosas que importan».

Creo que no voy a poder llevarme ninguno de estos correos electrónicos al cielo.

A finales de la década de los años ochenta había una canción de música cristiana contemporánea que relataba la historia de un hombre que muere y se va al cielo. Él siempre se había preguntado si lo que hacía era importante en la tierra y, cuando llegó al cielo, se encuentra con una larga fila de personas a las que había ayudado que lo esperaban solo para agradecerle. Nuestro grupo de jóvenes lo interpretaba como una sátira dramática. Era algo muy cursi y también muy antibíblico.

Yo creo que en el cielo conoceremos a nuestros seres queridos que fueron creyentes. Supongo que recibiremos sus agradecimientos (y ellos los nuestros). Sin embargo, la idea de que nuestra recompensa celestial consista en recibir felicitaciones por haber tenido una vida piadosa está alejada de las Escrituras.

Te diré algo: es mejor presentarnos con las manos vacías, simplemente aferrados a la cruz.

¿Te hace eso sentir inseguro? Si es así, estás prestándoles oído a mentiras. No te creas la mentira de ayudarte a ti mismo para que Dios te ayude. Dios salvará completamente a aquellos que están completamente indefensos.

Quiero compartir contigo otras palabras de mi amigo Ray. Espero que sean un gran estímulo para ti, como lo son para mí.

Esta es nuestra rendición de cuentas final. Preparémonos. Vivamos con propósito. Vivamos en arrepentimiento. Estamos conscientes, momento a momento, de que el ahora cuenta para siempre. Lo que pensamos, lo que decimos, lo que sentimos, lo que hacemos y lo que no hacemos; nosotros importamos. Le importamos a Cristo. Importaremos para siempre. Y muy pronto «compareceremos». Esto es solemne. Esto dignifica. También resulta alentador.

Imagina aquel día final frente a Cristo, tu Juez, rodeado por todos los redimidos, cada uno esperando su momento de estar ante el Señor; imagina presentarte ante él y que Jesús dijera: «Quiero saber quiénes de ustedes valoraban el ministerio de esta persona. ¿A quién le gustaría dar testimonio de cómo esta persona lo ayudó en mi nombre?». Imagina que nadie dice nada. Un silencio absoluto. Un silencio incómodo. Todos se sienten avergonzados. Todos están pensando: *Que alguien diga algo, por favor*. Tú estás de pie allí, preguntándote: *¿Así que toda* *mi vida se reduce a esto? ¡Soy un tremendo fracaso!* Pero luego una voz rompe ese terrible silencio. El Señor mismo se pone de pie y afirma: «¡Bueno, *yo* valoraba su ministerio!».

Este es un escenario improbable. Sin embargo, al presentarlo de esa manera no deja a un lado la pregunta más urgente de todas. ¿Es la aprobación de Jesús suficiente para ti y para mí? ¿Lo amamos lo suficiente, lo reverenciamos lo suficiente, como para que su juicio sea el único por el cual vivimos?

Nos importa lo que piensan lo demás. Les queremos agradar (1 Corintios 10.33). *No obstante, solo una opinión contará finalmente y por toda la eternidad.*[5]

Y si pudiera agregar una cosa más a lo que Ray ha dicho aquí, sería esto: ciertamente el diablo tiene un archivo acerca de nosotros, pero el Señor también tiene uno (Apocalipsis 21.27).

LA AUTOPSIA DE UNA MENTIRA

Escrito está...
—EL SALVADOR

DESPUÉS DE LA MENTIRA, FUE LA MUERTE.

El mundo se convirtió en un erial de plenitud imposibilitada, belleza encubierta e ilustración reprimida. El mundo es un lugar asombroso, pero piensa en las maravillas que existirían si no hubiese maldición.

Cuando se inició el exilio de la raza humana del jardín, la serpiente siguió planeando su dominio. Fue ganando cada vez más poderío sobre el hombre caído e hizo un reclamo diabólico sobre el aire (Efesios 2.2), la tierra (Job 1.7) y el mar (Apocalipsis 12.12). Quizás Satanás confunde la fragilidad de la creación como evidencia de su propia soberanía y no la ve como evidencia de la soberanía de su Creador.

El poder se le subió a la cabeza. Cada día, con miles de millones de hombres y mujeres, su ejército de demonios ensaya la tentación de

Adán y Eva, con resultados devastadores. Tal vez crea que de verdad puede ganar.

Cuando el reformador Martín Lutero escribió el himno «Castillo fuerte es nuestro Dios», una de las obras maestras de la himnodia que perdura hasta hoy, legó a sus descendientes teológicos la administración de un misterio. Nosotros cantamos sobre el diablo:

> Dañarnos no podrá,
> pues condenado es ya
> por la Palabra Santa.

Por mucho tiempo me pregunté a qué palabra específica se refería Lutero, cuál era esa Palabra que profirió la destrucción del diablo y por la cual «condenado es ya».

Esto comienza casi inmediatamente después de que el hombre y la mujer cayeran ante *él*:

> Y Jehová Dios dijo a la serpiente:
> Por cuanto esto hiciste,
> maldita serás entre todas las bestias
> y entre todos los animales del campo;
> sobre tu pecho andarás,
> y polvo comerás todos los días de tu vida.
> Y pondré enemistad entre ti y la mujer,
> y entre tu simiente y la simiente suya;
> ésta te herirá en la cabeza,
> y tú le herirás en el calcañar.

> (GÉNESIS 3.14-15)

Él también está maldito. Volveremos a esa última parte, la parte de la destrucción, porque es importante. Por ahora, veamos que después de la caída del hombre el surgimiento y la derrota del diablo avanzan juntos en la historia del mundo.

Debió irritarlo tener que pedirle permiso a Dios para afligir a Job. Debe haber disfrutado el herir a un hombre justo, pero debe haberlo enfurecido sentir la correa de Dios alrededor del cuello.

Incluso mientras el diablo construye su reino corrupto y alinea sus tropas malignas, sabe con seguridad que todo es en balde. Mientras aprovecha los temores y lujurias de los hombres, atrae su carne y persigue sus espíritus —mientras se deleita con la perdición de los perdidos y la condena subsecuente— en el fondo de sus pensamientos, debe saber que el fin está cerca.

Día a día, mientras ayuda a los hombres a construir monumentos para ellos mismos y por lo tanto para él, la maldición debe estar carcomiéndolo por dentro. «Y pondré enemistad entre [...] tu simiente y la simiente suya; ésta te herirá en la cabeza, y tú le herirás en el calcañar».[1]

Cuando se entera de que algo ha cambiado en el mundo, echa humo debido a una rabia alimentada por el temor. Se da cuenta de que su Creador ha entrado de nuevo en escena, concebido milagrosamente en el vientre de una virgen.

El diablo no puede esperar para destruirlo. Sin embargo, el niño está prohibido. El bebé es más poderoso que él. Aún así, se muestra implacable. Muerde los talones del niño, y luego los del hombre, mofándose de lo que será el lugar de su destrucción.

El hombre va al desierto. Toma la forma de un pecador exiliado, tal vez incluso de un chivo expiatorio. Él no tiene pecado, lo cual es un combustible interminable para la ira del diablo, pero lleva el peso del pecado de su pueblo.

Finalmente se ve aislado. Se ve débil. Se parece un poco a Adán y Eva cuando se volvieron vulnerables en el jardín. Se está muriendo de hambre y llegando al final de su capacidad humana para resistir.

El diablo piensa: *Esta es mi oportunidad.*

La serpiente sale a trabajar otra vez. En esta ocasión con más atrevimiento. No disfraza sus proposiciones como si fueran preguntas, al igual que lo hizo con Eva. ¡Prácticamente, le da órdenes a su Amo!

> Y vino a él el tentador, y le dijo: Si eres Hijo de Dios, di que estas piedras se conviertan en pan.
>
> *Él* respondió y dijo: Escrito está: No sólo de pan vivirá el hombre, sino de toda palabra que sale de la boca de Dios.
>
> Entonces el diablo le llevó a la santa ciudad, y le puso sobre el pináculo del templo, y le dijo: Si eres Hijo de Dios, échate abajo; porque escrito está:
>
> A sus ángeles mandará acerca de ti, y,
> En sus manos te sostendrán,
> Para que no tropieces con tu pie en piedra.
>
> Jesús le dijo: Escrito está también: No tentarás al Señor tu Dios.
>
> Otra vez le llevó el diablo a un monte muy alto, y le mostró todos los reinos del mundo y la gloria de ellos, y le dijo: Todo esto te daré, si postrado me adorares.
>
> Entonces Jesús le dijo: Vete, Satanás, porque escrito está: Al Señor tu Dios adorarás, y a él sólo servirás.
>
> El diablo entonces le dejó; y he aquí vinieron ángeles y le servían.
>
> (MATEO 4.3-11)

Hay algunas cosas esenciales acerca de la tentación de Jesús en el desierto que podemos notar. Primero, resulta extraordinaria la simetría entre la triple tentación de Cristo y el triple atractivo del fruto para Eva. Vemos las implicaciones sobre nuestras propias tentaciones del día a día en el eco de ambos casos, que se encuentra en 1 Juan 2.16, donde el apóstol advierte: «Porque todo lo que hay en el mundo, los deseos de la carne, los deseos de los ojos, y la vanagloria de la vida, no proviene del Padre, sino del mundo». Observa las correlaciones en la tabla a continuación:

GÉNESIS 3	MATEO 4	1 JUAN 2	PROMESA
Bueno para comer	Convertir las piedras en pan	El deseo de la carne	Plenitud
Deleite para los ojos	La gloria de los reinos	El deseo de los ojos	Belleza
Sabiduría	Entronización angélica	La vanagloria de la vida	Ilustración

Segundo, como mencionamos anteriormente, Jesús resiste al diablo, mientras que Adán y Eva no lo hacen. Vemos que en ambas tentaciones aparece el cuestionamiento a la Palabra de Dios. El diablo quiere comenzar con su propio estudio bíblico y todas sus perspectivas comienzan con la frase: «Para mí, esto significa que...».

Con este sutil refrán, Eva fue arrullada hasta dormirse espiritualmente. Jesús, a pesar de su fatiga extrema, no lo fue. En cada situación en la que Satanás en efecto pregunta «¿Conque Dios os ha dicho...?», Jesús replica con un: «Escrito está».

Nuestra liberación se inició con la encarnación y fue inaugurada oficialmente en el bautismo de Cristo, pero es en el desierto donde comienza a tomar forma doctrinal ante nuestros ojos. El propósito es que veamos el claro contraste entre la desobediencia de Adán y la obediencia de Cristo. Y si bien la desobediencia de Adán se volvió nuestra, el propósito es que en la tentación de Jesús veamos que la obediencia del Segundo Adán también puede ser nuestra.

Nuestra muerte comenzó en un jardín y nuestra vida comenzó en el desierto. Desde este momento en adelante, las cosas parecen moverse más rápido. Incluso los amigos del Hijo del Hombre empiezan a ejercer autoridad sobre los poderes demoníacos. Ellos se maravillan de esto, y Jesús dice: «Yo veía a Satanás caer del cielo como un rayo» (Lucas 10.18).

El reino de Dios comienza a avanzar en el ministerio de Cristo, y el reino de Satanás empieza a desmoronarse. Todo el poderío endeble del diablo está siendo reclamado. Como cuando los hijos de Israel saquean el campamento filisteo después de que David derrotó al invencible Goliat, así los discípulos de Cristo, a través de la floreciente victoria de Jesús, le dan una paliza y lo derrotan.

Como respuesta a haber sido llamado demonio, Jesús reprende la blasfemia y afirma: «Ninguno puede entrar en la casa de un hombre fuerte y saquear sus bienes, si antes no le ata, y entonces podrá saquear su casa» (Marcos 3.27).

En otras palabras, lo que Jesús dice es que él no solo no es el diablo, sino también que ha venido a derrotarlo y recuperar todo lo que ha sido robado. Ese es el presagio de lo que está por venir (Apocalipsis 20.2).

Mientras tanto, el diablo se ha puesto más frenético. Sus mentiras se vuelven más atroces. No obstante, sigue siendo igual de astuto para atraernos hacia ellas.

El evangelio según Satanás no suena como piensas que lo haría. Como sugirió Donald Barnhouse una vez, si el diablo se apoderara de una ciudad, la misma no estaría abarrotada de bares, tiendas de pornografía y salones de billar; más bien, estaría llena de peatones ordenados con buenos modales, bien educados y amables, y de iglesias en las que no se predique a Cristo. El diablo sabe que no necesita a la iglesia de Satanás para atraparte. Solo necesita algo que brille. Recuerda que viene a nosotros como ángel de luz (2 Corintios 11.14). Él fabrica, como dijo Pablo, «argumentos capciosos» (Colosenses 2.4, NVI).

A lo largo de este libro hemos examinados ocho mentiras, pero las mismas no sonaban exactamente como mentiras, ¿cierto? El diablo hace que sus mentiras parezcan sabiduría común, reflexiones religiosas o discursos motivacionales.

Quizás te gustaría que hablara más sobre el propio diablo en el libro, más acerca de los demonios y la llamada guerra espiritual. Sin embargo, hemos estado llevando a cabo una guerra espiritual todo este tiempo. Nada ganamos con enfocarnos obsesivamente en el diablo. Por eso, en gran medida he dejado la figura de Satanás de trasfondo, en parte para evitar uno de los errores que Lewis mencionó en el prefacio de *Cartas del diablo a su sobrino*:

> En lo que se refiere a los diablos, la raza humana puede caer en dos errores iguales y de signo opuesto. Uno consiste en no creer en su existencia. El otro, en creer en los diablos y sentir por ellos un interés excesivo y malsano. Los diablos se sienten igualmente halagados por ambos errores, y acogen con idéntico entusiasmo a un materialista que a un hechicero.[2]

No, estoy convencido de que la mejor forma de estar alerta no es enfocándonos mucho en lo que el diablo es, sino en lo que él *hace*. Al aprender a aplicar la obra de Cristo en nuestra resistencia contra la influencia satánica, debemos mirar también lo que Cristo hacía.

ESCRITO ESTÁ

El cristiano debe combatir las mentiras diabólicas con verdades celestiales. El antídoto contra la sabiduría del mundo no es más de la misma, sino la sabiduría que viene de lo alto. Esto significa que cada cristiano debe ser una persona de doctrina bíblica. Podremos darnos cuenta del razonamiento plausible y artero de las mentiras de Satanás solo si hemos estudiado las declaraciones divinas y sólidas de la Palabra de Dios.

En Efesios 4, Pablo comienza extrapolando verdades preciosas para la fortaleza cristiana a partir de las doctrinas de la divina Trinidad y la ascensión corporal de Jesús. Luego hace una conexión directa entre estas dos verdades doctrinales y nuestra capacidad para resistir las mentiras: «Así ya no seremos niños, zarandeados por las olas y llevados de aquí para allá por todo viento de enseñanza y por la astucia y los artificios de quienes emplean artimañas engañosas» (v. 14, NVI).

Si no cuentas con una solidez teológica cuando el diablo se aparece, estás listo para la cosecha. Es probable que quieras hacer una lista de las doctrinas cristianas esenciales que puedan protegerte de debilidades específicas, comúnmente explotadas por Satanás. Considera usar una tabla como la siguiente:

VULNERABILIDAD	DOCTRINA
Duda/Inseguridad	La perseverancia de los santos
Miedo	El Espíritu que mora en nosotros
Timidez	El fruto del Espíritu
Culpa	La expiación
Condenación	La propiciación
Miedo a la muerte	La resurrección y la ascensión
Miedo al futuro	La santificación progresiva y la segunda venida de Cristo

Desconfianza en Dios	La infalibilidad e historicidad de las Escrituras
Legalismo	La gracia
Soledad	La eclesiología (la teología de la iglesia)
Orgullo	La hamartiología (la doctrina del pecado)

Tu lista podría ser más extensa y más detallada, pero ya captas la idea.

Recuerda que no tienes que ser un erudito académico para cumplir con el mandamiento de combatir la debilidad con la verdad doctrinal. Sin embargo, como mínimo, todo cristiano debe estudiar la Palabra de Dios. No podemos identificar las artimañas de Satanás si no manejamos con fluidez las verdades de Dios.

Vemos que en cada punto la defensa de Cristo frente a las mentiras de Satanás comienza con la afirmación: «Escrito está». Esta debe ser nuestra defensa también.

Cuando el diablo venga a acusarnos, digamos: «Escrito está [en Job 16.19]: "Mas he aquí que en los cielos está mi testigo, y mi testimonio en las alturas"». Afirmemos: «Escrito está [en 1 Juan 2.1]: "Si alguno hubiere pecado, abogado tenemos para con el Padre, a Jesucristo el justo"».

Cuando el diablo venga a debilitarnos, declaremos: «Escrito está [en Efesios 6.10]: "Por lo demás, hermanos míos, fortaleceos en el Señor, y en el poder de su fuerza"».

Cuando el diablo venga a disminuir la cruz ante nuestros ojos, proclamemos: «Escrito está [en 1 Corintios 2.2]: "Pues me propuse no saber entre vosotros cosa alguna sino a Jesucristo, y a éste crucificado"».

Cuando el diablo venga a hacernos dudar de nuestra fe, digamos: «Escrito está [en 2 Tesalonicenses 3.3]: "Pero fiel es el Señor, que os afirmará y guardará del mal"».

Cada vez que Satanás nos ataque, podemos disponer de una palabra de verdad inspirada por el Espíritu. Por cada una de sus insinuaciones del tipo: «¿Conque Dios os ha dicho...?», contamos con un arsenal de declaraciones del tipo: «Escrito está».

El diablo viene a robar, matar y destruir, y para reprenderlo estamos totalmente equipados con la Palabra de Dios (2 Timoteo 3.16-17), pues no puede robarnos lo que sabemos que es nuestro en Cristo, no puede matar lo que ha sido unido a Cristo, y no puede destruir lo que ha sido eternamente salvaguardado en Cristo. Cuando él venga en un millón de formas diferentes, con mentiras grandes y pequeñas, sutiles y directas, para condenarnos frente a la gracia, digámosle: «Apártate, diablo. Porque escrito está: "Ninguna condenación hay para los que están en Cristo Jesús, los que no andan conforme a la carne, sino conforme al Espíritu" (Romanos 8.1)».

Nuestro enemigo es astuto, por lo que sería más astuto de tu parte memorizar la Biblia cuanto más puedas a fin de estar preparado para sus maquinaciones. Ese último versículo en particular da inicio a un capítulo que podría ser un lugar bueno y poderoso para comenzar. Romanos 8 es un cofre del tesoro de promesas cristianas y una armería de defensas celestiales.

Considera las preciadas verdades de Romanos 8 y cómo estas nos ayudan incluso para confrontar las radiantes mentiras de Satanás que se han abordado en este libro:

MENTIRA	PROBLEMA(S) ESENCIAL(ES)	ANTÍDOTO DE ROMANOS 8
Dios solo quiere que seas feliz	Hacer del placer el fin último	Romanos 8.5-6
Solo se vive una vez	No pensar en el alma	Romanos 8.12-13
Debes vivir tu verdad	Egocentrismo/ Incredulidad	Romanos 8.14-17

Lo que sientes es la realidad	Desesperanza y desesperación	Romanos 8.18, 24-28, 38-39
La vida es lo que tú haces de ella	Orgullo/Idolatría del yo	Romanos 8.19-23, 29-30
Necesitas soltar y dejar que Dios haga	Antinomismo	Romanos 8.2-4, 37
La cruz no tiene nada que ver con la ira de Dios	Condenación	Romanos 8.1, 31-39
Dios ayuda a los que se ayudan a sí mismos	Legalismo	Romanos 8.15

Las promesas del verdadero evangelio de Romanos 8 y de muchos otros pasajes bíblicos son el antídoto contra el falso evangelio del diablo.

Sin embargo, debemos recordar que incluso el diablo usará las Escrituras para sus propios fines. Si puede torcerlas con el objetivo de apartar tus ojos de la gloria de Dios, te citará versículos bíblicos todo el santo día. Lo que él no quiere es que nuestra mirada siga el rastro de las verdades de las Escrituras hasta llegar al resplandor de la gloria de Dios (Hebreos 1.3), que es Jesucristo el Redentor.

CONSUMADO ES

Antes de que Cristo diera su último respiro en la cruz, no gritó: «Ha comenzado», aunque por supuesto muchas cosas daban inicio con su muerte. No gritó: «Es posible», como si su muerte creara una espiritualidad hipotética, una victoria con final abierto que depende de las fuerzas de sus creyentes. No, él gritó: «Consumado es» (Juan 19.30).

La misión siempre fue sufrir y morir, y el giro espiritual radical representó un cataclismo. Pues al recibir el castigo por nuestros pecados en la cruz, Jesús también a través de su muerte rescata a los esclavos de su esclavitud al pecado y la maldad, hace justicia basado en la rectitud de Dios y vence a las potestades de maldad (Colosenses 2.15).

Como Amán colgado en su propia horca (Ester 7.10), la esperanza del diablo con respecto a la cruz de Cristo se convierte en su propia ruina:

> Así que, por cuanto los hijos participaron de carne y sangre, él también participó de lo mismo, para destruir por medio de la muerte al que tenía el imperio de la muerte, esto es, al diablo, y librar a todos los que por el temor de la muerte estaban durante toda la vida sujetos a servidumbre. (Hebreos 2.14-15)

En la resurrección, él vence inclusive al último enemigo, la muerte misma (1 Corintios 15.26), y la destruye para siempre. La resurrección de Jesús es la señal de que la vida para él y sus hermanos continúa por toda la eternidad y que los días del diablo están contados.

Estas son las cosas que el diablo no quiere que sepas. Si estás enfrascado en la Biblia, querrá que prestes atención a un moralismo egoísta y deficiente de Cristo. Querrá que consideres la ley como medio de superioridad moral y juicio hacia los demás. Querrá que leas acerca de la ira de Dios como si esta fuera la última palabra y acerca de la gracia como si te costara algo.

De ahora en adelante, tú y yo siempre debemos leer «Escrito está» a la luz de «Consumado es».

¡Qué rápido e impreciso es el diablo con las Escrituras! Cuando tienta a Jesús a lanzarse del templo, el diablo cita Salmos 91.11-12, pero se detiene en seco en el versículo 13. ¿Por qué? Porque dice que el mismo pie que los ángeles sostienen «hollará a la serpiente» (RVA2015).

Y así se cierra el círculo.

En la maldición, se nos cuenta que los descendientes de Adán serán heridos en el talón por la serpiente, cuya cabeza será herida por ellos (Génesis 3.15). Como era de esperarse, tal como se había anunciado, el Segundo Adán, Jesús el Cristo, ha sido herido por la serpiente en el talón. Sin embargo, a pesar de los clavos en sus pies —¡en realidad, gracias a eso!— él ha aplastado la cabeza de la serpiente.

Cuando ponemos nuestra fe en Jesús, su justa victoria se convierte en nuestra también. Como escribió Pablo en Romanos 16.20: «Y el Dios de paz aplastará en breve a Satanás bajo *vuestros* pies» (énfasis añadido).

El apóstol Juan dijo: «El que practica el pecado es del diablo; porque el diablo peca desde el principio. Para esto apareció el Hijo de Dios, para deshacer las obras del diablo» (1 Juan 3:8). Y no se detendrá hasta haber terminado. En Apocalipsis 20.7-10, vemos el acto final de la victoria de Cristo sobre el mal para su gloria y para nuestro bien:

> Cuando los mil años se cumplan, Satanás será suelto de su prisión, y saldrá a engañar a las naciones que están en los cuatro ángulos de la tierra, a Gog y a Magog, a fin de reunirlos para la batalla; el número de los cuales es como la arena del mar. Y subieron sobre la anchura de la tierra, y rodearon el campamento de los santos y la ciudad amada; y de Dios descendió fuego del cielo, y los consumió. Y el diablo que los engañaba fue lanzado en el lago de fuego y azufre, donde estaban la bestia y el falso profeta; y serán atormentados día y noche por los siglos de los siglos.

Tú sabes a dónde se van los mentirosos. Y aquellos que persisten en creer las mentiras del diablo acerca de Dios y la gracia también se irán a ese lugar. El infierno es tan real como el mismo diablo. Esta combinación ha sido hecha en el cielo, desde el cual Cristo mismo vino a obedecer a la perfección y en nuestro lugar, a morir sacrificialmente como nuestro sustituto, a levantarse triunfalmente como nuestra vida eterna y a ascender glorioso para prepararnos un hogar, donde estaremos con él cuando regrese.

La buena noticia es que gracias a él que es la Verdad, los pecadores pueden ir al cielo y el diablo puede irse al infierno.

AGRADECIMIENTOS

NO ES MENTIRA QUE CADA LIBRO QUE HE ESCRITO ha brotado de una imaginación bien provista por parte de amigos y colegas que me han animado y ministrado de maneras incalculables. Estoy especialmente agradecido por el apoyo de las siguientes personas:

- Los pastores de Liberty Baptist Church.
- Mis estudiantes y compañeros de Spurgeon College y el Midwestern Seminary.
- Mi infatigable agente, Don Gates.
- El equipo editorial estelar de Thomas Nelson, incluyendo al sherpa literario Webster Younce.

Y, como de costumbre, estoy eternamente agradecido con Becky, Macy y Grace, quienes ríen con facilidad, aman con paciencia y soportan con gracia. Les compraré a todas algo lindo cuando llegue el cheque. Las amo.

NOTAS

INTRODUCCIÓN

1. Frederick S. Leahy, *Satan Cast Out: A Study in Biblical Demonology* (Edimburgo: Banner of Truth, 2017), p. 35 [*Satanás echado fuera: un estudio de la demonología bíblica* (Ciudad Real, España: Editorial Peregrino, 2002)].

2. Mike McKinley, *Did the Devil Make Me Do It? And Other Questions About Satan, Demons and Evil Spirits* (Epsom, UK: Good Book Company, 2013), pp. 64-65 [*¿El diablo me obligó a hacerlo? Y otras preguntas sobre Satanás, los demonios y espíritus malignos* (Grand Rapids: Editorial Portavoz, 2018)].

3. Thomas Brooks, *Precious Remedies Agaisnt Satan's Devices* (Edimburgo: Banner of Truth, 1997), p. 230 [*Remedios preciosos contra las artimañas de Satanás* (Ciudad Real, España: Estandarte de la Verdad, 2009)].

CAPÍTULO 1: DIOS SOLO QUIERE QUE SEAS FELIZ

1. Leonardo Blair, «Victoria Osteen Ripped for Telling Church "Just Do Good for Your Own Self"; Worship Is Not for God, "You're Doing It for Yourself"», *The Christian Post*, 30 agosto 2014, https://www.christianpost.com/news/victoria-osteen-ripped-for-telling-church-just-do-good-for-your-own-self-worship-is-not-for-god-youre-doing-it-for-yourself.html.

2. George Whitefield, «Walking with God» de *Selected Sermons of George Whitefield*, Biblioteca Etérea de Clásicos Cristianos, http://www.ccel.org/ccel/whitefield/sermons.iv.html.

3. Ligon Duncan, «Victoria Osteen, the Glory of God and Reformed Worship», LigonDuncan.com, 1 septiembre 2014, https://ligonduncan.com/victoria-osteen-the-glory-of-god-and-reformed-worship/.

4. David Prince, «In Defense of Christian Happiness», For the Church, 25 noviembre 2015, https://ftc.co/resource-library/blog-entries/in-defense-of-christian-happiness.

5. Prince, «In Defense of Christian Happiness».

6. C. S. Lewis, *Cartas del diablo a su sobrino* (Madrid: Rialp, 2015), pp. 38-39 del original en inglés.

CAPÍTULO 2: SOLO SE VIVE UNA VEZ

1. Matthew McCullough, *Remember Death: The Surprising Path to Living Hope* (Wheaton, IL: Crossway, 2018), pp. 19-22.

2. Matthew McCullough, *Remember Death*, p. 155.

3. John Piper, *Seeing and Savoring Jesus Christ* (Wheaton, IL: Crossway, 2004), p. 72.

4. C. S. Lewis, *Till We Have Faces* (Nueva York: Harcourt, 1957), p. 279 [*Mientras no tengamos rostro* (Madrid: Rialp, 2002)].

CAPÍTULO 3: DEBES VIVIR TU VERDAD

1. Dietrich Bonhoeffer, *Creation and Fall / Temptation: Two Biblical Studies* (Nueva York: Collier, 1959), p. 73.

2. Ver Romanos 12.19 y Mateo 6.15.

3. Joe Heim, «Jerry Falwell Jr. Can't Imagine Trump "Doing Anything That's Not Good for the Country"», *Washington Post*, 1 enero 2019, https://www.washingtonpost.com/lifestyle/magazine/jerry-falwell-jr-cant-imagine-trump-doing-anything-thats-not-good-for-the-country/2018/12/21/6affc4c4-f19e-11e8-80d0-f7e1948d55f4_story.html

4. Rod Dreher, «The Ben Carson Option», *The American Conservative*, 14 octubre 2016, https://www.theamericanconservative.com/dreher/the-ben-carson-option/.

5. Milton, *Paradise Lost*, p. 91 [*El paraíso perdido*].

6. Gilbert K. Chesterton, *Orthodoxia* (Nueva York: John Lane, 1909), pp. 135-36 [*Ortodoxia* (Ciudad de México: Porrúa, 1998)].

7. Jackie Hill Perry (@jackhillperry), «Since God is holy and utterly good by nature, even His harshest commands are worth your obedience», Twitter, 2 enero 2019, 10:14 a.m., https://twitter.com/jackiehillperry/status/1080497637277794304?s=21.

CAPÍTULO 4: LO QUE SIENTES ES LA REALIDAD

1. Bessel van der Kolk, *The Body Keeps the Score: Brain, Mind, and Body in the Healing of Trauma* (Nueva York: Penguin, 2015), pp. 44-45 [*El cuerpo lleva la cuenta: cerebro, mente y cuerpo en la superación del trauma* (Olivella: Eleftheria, 2015)].

2. Bessel van der Kolk, *The Body Keeps the Score*, p. 275 [*El cuerpo lleva la cuenta*].

3. En respuesta a Charles Hugo, citado en *The Congregationalist 77* (10 noviembre 1892), p. 420.

4. George Herbert, «The Collar» de *George Herbert: The Complete English Works* (Nueva York: Alfred Knopf, 1995), pp. 149-150 [http://fuegoconnieve.blogspot.com/2017/06/el-collar-de-george-herbert.html].

5. J. R. R. Tolkien, *The Return of the King* (Boston: Houghton Mifflin, 1965), p. 344 [Apéndices de *El Señor de los anillos,* 1955].

6. C. S. Lewis, *The Great Divorce* (Nueva York: Macmillan, 1975), p. 67 [*El gran divorcio* (Santiago: Andrés Bello, 1995)].

7. Susan M. Shaw, *God Speaks to Us, Too: Southern Baptist Women on Church, Home, and Society* (Lexington: University Press of Kentucky, 2008), p. 217.

8. George Whitefield, «The Folly and Danger of Parting with Christ for the Pleasures and Profits of Life», de *The Sermons of George Whitefield* (Wheaton: Crossway, 2012), p. 375.

CAPÍTULO 5: LA VIDA ES LO QUE TÚ HACES DE ELLA

1. Peter Sblendorio, «Kylie Jenner Is Worth $900 Million and On Pace to Become Youngest Self-Made Billionaire Ever», *New York Daily News*, 11 julio 2018, https://www.nydailynews.com/entertainment/ny-ent-kylie-jenner-worth-900-million-20180711-story.html

2. April Salud, «Watch Jim Carrey's Hilarious and Poignant Interview for "Jim & Andy: The Great Beyond"», *The Hollywood Reporter*, 11 septiembre 2017, https://www.hollywoodreporter.com/news/toronto-watch-jim-carreys-hilarious-poignant-interview-jim-andy-great-beyond-1037794.

3. Richard Baxter, *Dying Thoughts* (Edimburgo: Banner of Truth; 2009), p. 35.

4. Oscar Wilde, «Ye Shall Be Gods», en *The Complete Works of Oscar Wilde: Volume 1*, editado por Bobby Fong y Karl Beckson (Oxford: Oxford University Press, 2000), p. 1.

5. William Ernest Henley, *Echoes of Life and Death: Forty-Seven Lyrics* (Portland: Thomas B. Mosher, 1908), p. 7.

6. Dietrich Bonhoeffer, *Creation and Fall / Temptation: Two Biblical Studies* (Nueva York, Collier, 1959), p. 77 [*Jesucristo: historia y misterio* (Madrid: Trotta, 2016)].

CAPÍTULO 6: NECESITAS SOLTAR Y DEJAR QUE DIOS HAGA

1. J. I. Packer, Introducción a *The Mortification of Sin* de John Owen (Ross-shire: Christian Focus, 2012), p. 10.

2. Andy Naselli, *No Quick Fix: Where Higher Life Theology Came From, What It Is, and Why It's Harmful* (Bellingham: Lexham Press, 2017), p. 48.

3. Trevin Wax, «Wake Me Up, Lord!: A Review of Jared Wilson's "Gospel Wakefulness"», blog Kingdom People, Coalición por el Evangelio, 12 octubre 2011, https://www.thegospelcoalition.org/blogs/trevin-wax/wake-me-up-lord-a-review-of-jared-wilsons-gospel-wakefulness/.

4. Jared C. Wilson, *Gospel Wakefulness* (Wheaton: Crossway, 2011), pp. 27-28.

5. Andy Naselli, *No Quick Fix: Where Higher Life Theology Came From, What It Is, and Why It's Harmful* (Bellingham: Lexham Press, 2017), pp. 52-53.

6. W. H. Griffith Thomas, «The Victorious Life (I.)», *Bibliotheca Sacra* 76 (1919), p. 275, citado en Naselli, *No Quick Fix*, p. 30.

7. Hablo más acerca de la concepción errada de la idea de «dejar que Dios haga» en el capítulo 5 (sobre la oración) de mi libro *Supernatural Power for Everyday People: Experiencing God's Extraordinary Spirit in Your Ordinary Life* (Nashville: Nelson, 2018).

8. Dallas Willard, *The Great Omission: Reclaiming Jesus's Essential Teachings on Discipleship* (Nueva York: HarperCollins, 2006), p. 166 [*La gran omisión: Recuperando las enseñanzas esenciales de Jesús en el discipulado* (Nashville: HarperCollins, 2015)].

9. R. C. Sproul, «Should I "Let Go and Let God"?», entrevista de Nathan W. Bingham, *Ligonier*, 27 junio 2018, https://www.ligonier.org/blog/should-i-let-go-and-let-god/.

CAPÍTULO 7: LA CRUZ NO TIENE NADA QUE VER CON LA IRA DE DIOS

1. Todas estas ideas aparecen enlistadas en el índice del libro de Paul Young, *Lies We Believe About God* (Nueva York: Atria, 2017), pp. ix-x [*Mentiras que creemos sobre Dios* (Cuidad de México: Diana, 2018)].

2. William Paul Young, *Lies We Believe About God* (Nueva York: Atria, 2017), pp. 150-51.

3. Young, *Lies We Believe About God*, p. 169.

4. Compartí una paráfrasis más breve de este encuentro en mi libro *The Gospel-Driven Church: Uniting Church Growth Dreams with the Metrics of Grace* (Grand Rapids: Zondervan, 2019), pp. 132-33.

5. Jared C. Wilson, *Gospel Deeps: Reveling in the Excellencies of Jesus* (Wheaton: Crossway, 2012).

6. Steve Jeffery, Michael Ovey y Andrew Sach, *Pierced for Our Transgressions: Rediscovering the Glory of Penal Substitution* (Wheaton: Crossway, 2007), p. 230.

7. Derek Rishmawy, «The Beauty of the Cross: 19 Objections and Answers on Penal Substitutionary Atonement (publicación 500)», *Reformedish*, 23 octubre 2014, https://derekzrishmawy. com/2014/10/23/the-beauty-of-the-cross-19-objections-and-answers-on-penal-substitutionary-atonement-500th-post/.

8. Timothy George, «No Squishy Love», *First Things*, 29 julio 2013, https://www.firstthings.com/web-exclusives/2013/07/ no-squishy-love.

9. Michael Vlach, «Penal Substitution in Church History», *The Master's Seminary Journal* (otoño de 2009), pp. 199-214. Ver también el capítulo 5 titulado «Surveying the Heritage: The Historical Pedigree of Penal Substitution» de *Pierced for Our Transgressions* de Jeffery, Ovey y Sach, pp. 161-204.

10. William Paul Young, *Lies We Believe About God* (Nueva York: Atria, 2017), pp. 151 [*Mentiras que creemos sobre Dios* (Cuidad de México: Diana, 2018)].

11. Mark Dever y Michael Lawrence, *It Is Well: Expositions on Substitutionary Atonement* (Wheaton: Crossway, 2010), p. 124.

12. J. I. Packer, «What Did the Cross Achieve?: The Logic of Penal Substitution», de J. I. Packer y Mark Dever, *In My Place Condemned He Stood: Celebrating the Glory of the Atonement* (Wheaton: Crossway, 2007), p. 79.

13. Packer, *In My Place*, p. 77.

14. Estoy en deuda con Tim Keller por el mensaje que entregó el 5 de abril de 2017 en la Conferencia Nacional de Coalición por el Evangelio; «Boasting in Nothing Except the Cross» [No me jacto de nada excepto de la cruz] (un sermón sobre Gálatas 6) en el cual contó esta anécdota de cierre. Keller atribuyó el crédito del relato a Dick Lucas (y lo citó). He parafraseado en su mayor parte la versión de Keller sobre los acontecimientos, pero recreé su diálogo de la forma más precisa que pude. En el

siguiente enlace del sitio web de la TGC puedes ver o escuchar el sermón: https://www.thegospelcoalition.org/conference_media/boasting-nothing-except-cross/.

CAPÍTULO 8: DIOS AYUDA A LOS QUE SE AYUDAN A SÍ MISMOS

1. «Competing Worldviews Influence Today's Christians», Grupo Barna, 9 mayo 2017, https://www.barna.com/research/competing-worldviews-influence-todays-christians/.
2. Citado en Albert Mohler, «The Scandal of Biblical Illiteracy: It's Our Problem», blog de Albert Mohler, 20 enero 2016, https://albertmohler.com/2016/01/20/the-scandal-of-biblical-illiteracy-its-our-problem-4/.
3. Moroni 10.32, The Book of Mormon [El Libro de Mormón], https://www.lds.org/scriptures/bofm/moro/10.32.
4. 2 Nefi 25.23, The Book of Mormon [El Libro de Mormón], https://www.lds.org/scriptures/bofm/2-ne/25.23.
5. Ray Ortlund, «Right Now Counts Forever», Coalición por el Evangelio, 19 diciembre 2018, https://www.thegospelcoalition.org/blogs/ray-ortlund/right-now-counts-forever/.

CONCLUSIÓN

1. Génesis 3.15.
2. Lewis, *The Screwtape Letters*, p. 7 [*Cartas del diablo a su sobrino*].

ACERCA DEL AUTOR

JARED C. WILSON es profesor adjunto de ministerio pastoral en Spurgeon College, escritor residente del Midwestern Seminary, editor general de For The Church (ftc.co), y director del Centro de Preparación Pastoral de Liberty Baptist Church en Kansas City, Misuri. Es un escritor que ha sido premiado por varios libros como *Supernatural Power for Everyday People*, *The Imperfect Disciple* y *The Gospel-Driven Church*. Jared publica blogs en Fort The Church, un sitio web en el cual es anfitrión del pódcast del mismo nombre, y también en el sitio web de Coalición por el Evangelio. Además, todos los años, predica y expone en numerosas iglesias y conferencias alrededor del mundo. Vive en las afueras de Kansas City con su esposa, Becky, y sus dos hijas.

Puedes visitar la página web de Jared en jaredcwilson.com.